GIOVANI MARINOT VEDOATO

FÉ, REALIDADE
E COMPROMISSO CRISTÃO
Na Sociedade e na Igreja

Direção Editorial: Pe. Marcelo C. Araújo, C.Ss.R.
Editor: Avelino Grassi
Coordenação Editorial: Ana Lúcia de Castro Leite
Copidesque: Cristina Nunes
Revisão: Leila Cristina Dinis Fernandes
Luana Galvão
Diagramação: Mauricio Pereira
Capa: Erasmo Ballot

Dados Internacionais de Catalogação na Publicação (CIP)
(Câmara Brasileira do Livro, SP, Brasil)

Vedoato, Giovani Marinot
Fé, realidade e compromisso cristão: na sociedade e na Igreja / Giovani Marinot Vedoato. – Aparecida, SP: Editora Santuário, 2013.

ISBN 978-85-369-0315-6

1. Conduta de vida 2. Deus 3. Espiritualidade 4. Fé 5. Vida cristã 6. Teologia I. Título.

13-07948   CDD-248.4

Índices para catálogo sistemático:
1. Vida Cristã: Cristianismo 248.4

Todos os direitos reservados à **EDITORA SANTUÁRIO** – 2013

Composição, CTcP, impressão e acabamento:
Editora Santuário - Rua Pe. Claro Monteiro, 342
12570-000 – Aparecida-SP – Tel. (12) 3104-2000

A meus pais, João e Wilma.

*A Igreja Particular de Colatina
do Estado do Espírito Santo.*

*O apoio das pessoas amigas
da Paróquia Nossa Senhora da Penha
Colatina – Espírito Santo.*

SUMÁRIO

Siglas 10
Apresentação 11

1. Deixar Deus ser Deus 15
    1. Falsas visões de Deus 18
    2. O Deus de Jesus 23
    3. Deus é amor 28
    4. Para refletir 29
    5. Referências 29

2. Em busca de Jesus histórico 31
    1. Quem é Jesus? 32
    2. A questão do Reino em Jesus 34
    3. O Deus do Reino como Deus da vida 38
    4. Para refletir 39
    5. Referências 39

3. Fora da história, não há salvação 41
    1. História, teologia e agir cristão 42
    2. Fora da vida, não há salvação 47

3. Fora dos pobres, não há salvação 49
4. Para refletir 50
5. Referências 50

4. O ser humano na perspectiva cristã 51
1. Introdução 51
2. O ser humano 52
3. O jeito humano de Jesus 55
4. A alteridade com amor a Deus e ao próximo 57
5. Para refletir 59
6. Referências 59

5. O cristão e a espiritualidade 61
1. Espiritualidade cristã 64
2. A espiritualidade de Jesus 65
3. Espiritualidade cristã libertadora e espiritualidade cristã para um cenário plural 67
4. Para refletir 72
5. Referências 72

6. O cristão e o pluralismo religioso 73
1. Ser cristão hoje 74
2. Pluralismo religioso: conceito, história e tipos 76
3. Jesus e o pluralismo religioso 82
4. Para refletir 85
5. Referências 86

7. Ser Igreja hoje 87

1. Por uma nova ação evangelizadora e missionária 90

2. Igreja: a que renunciar? 92

3. Traços de uma Igreja em tempos de pluralismo 94

4. Para refletir 97

5. Referências 97

Considerações finais 99

SIGLAS

AG	Decreto *Ad Gentes* do Concílio Vaticano II
	DAP-Documento de Aparecida – 5ª Conferência Geral do Episcopado Latino-Americano
GS	*Constituição Pastoral Gaudium et Spes* do Concílio Vaticano II
LG	Constituição Dogmática *Lumem Gentium* do Concílio Vaticano II
SD	Carta Apostólica *Salvifici Doloris*
	O sentido do sofrimento humano de João Paulo II

APRESENTAÇÃO

Uma mulher, com uma criança no colo, ao passar diante de uma caverna, escutou uma voz que vinha de seu interior que dizia:

— Entre e apanhe tudo o que quiser, mas não esqueça o essencial. Mas, atenção — disse a voz —, depois de sessenta segundos a porta se fechará para sempre.

Imediatamente, a mulher entrou na caverna e encontrou várias joias. Encantada, ela colocou a criança no chão e começou a apanhar tudo o que podia. Quando estava abarrotada de várias joias, novamente ouviu a voz que dizia:

— Seu tempo está se esgotando, saia imediatamente, do contrário ficará presa para sempre.

Logo que escutou a voz no interior da caverna, a mulher saiu correndo apressadamente. Para seu espanto, quando a caverna fechou-se, deu-se conta de que a coisa mais importante de sua vida havia ficado presa para sempre: a criança.

Essa belíssima parábola sobre a escolha e valorização de coisas essenciais na vida serve como ponto de partida deste livro. Nele, o foco central é sobre caminhos essenciais para pensar o cristianismo atual.

Tarefa árdua e cheia de riscos. Árdua, pois o cristianismo em seu interno é uma verdadeira viagem em um universo repleto de pluralidade. Cheia de riscos, porque toda escolha implica também renúncias. Daí, o perigo de deixar coisas valiosas pelo caminho. Mas a vida é feita de caminhos, e caminho se faz. Na esfera do religioso não é diferente. Então, cabe a pergunta: Quais os caminhos que nos conduzem a um cristianismo essencial? Não corremos o risco de absolutizar o supérfluo, o provisório, o transitório, o efêmero em detrimento do fontal?

Em nome de um cristianismo mais lúcido, as perguntas são necessárias se desejamos alcançar uma vida mais séria e centrada em coisas vitais. Diante daqueles que dizem que o essencial é uma questão meramente subjetiva, do ponto de vista cristão, responderemos que não. Isto porque nele algumas situações são objetivas, irrenunciáveis, caminhos objetivos e não podem ser entregues à mera subjetividade.

Em um mundo plural e perante sua oferta de riquezas ao humano hoje, precisamos, no horizonte do cristianismo, realizar a nobre tarefa de discernir quais são as linhas mestras de seu ser no mundo, sua espinha dorsal, lugar desde onde emana sua força imensurável. Em termos mais evangélicos, mensurar sua missão terrenal.

No cristianismo, a busca pela essencialidade deve ser uma constante. Do contrário, questões fundamentais como o Deus revelado, Jesus Cristo e outros, podem cair em um relativismo escapista e absurdo em detrimento da valorização do tudo cristão.

Assim, agrupados em sete capítulos, o texto que segue enfatiza os caminhos para um cristianismo essencial. Tais caminhos são: deixar Deus ser Deus, Jesus histórico, a história, o ser humano, o pluralismo religioso, a espiritualidade e a Igreja. Uma proposta para um cristianismo perpassado por lucidez.

Com certeza, essas propostas não são e nem pretendem ser a última palavra sobre o tema em relevo. Por isso o texto é aberto, suscetível às críticas e complementações. É um texto que, somado a outros, visa à produção de uma teologia a caminho, processual, e à contribuição do papel histórico do cristianismo como tal.

1

DEIXAR DEUS SER DEUS

Temos "apequenado" Deus!
Temos sequestrado Deus!
Estamos proibindo a Deus de ser Deus
(e estamos proibindo a Deus de ser humano)!

Dom Pedro Casaldáliga

Meu Deus, deixe-me ver Deus? Ante a profundidade e complexidade de tamanha pergunta, talvez a escolha metodológica sugerisse apontar mais para quem não é Deus, do que quem é Deus. Em outras palavras, a opção inicial apontaria para as falsas visões de Deus do que para o Deus assumido e praticado por Jesus Cristo.

Eis nosso caminho! Obrigatoriamente necessário e perigoso para nosso intento. Necessário, pois quando praticamos Deus ou falamos com Ele, temos de indagar de que Deus se trata, de que Deus se serve, em qual Deus se confia, em que Deus se espera, ou seja, muitas visões que fazemos de Deus estabelecem a fé em deuses, e pior, esses deuses podem imprimir uma visão errônea acerca de vida, ser humano, alteridade, amor... conforme nos ensina o Deus de Jesus Cristo.

Em um segundo momento, o caminho é perigoso, pois, se nossa visão de Deus não é passível de correção, essa imagem, além de gerar fundamentalismos, pode também inviabilizar a maturidade na fé e a abertura às novas imanências e transcendências. Trata-se consequentemente de uma perspectiva engessada, absolutizada, inerte e hermética sobre Deus.

Todavia, existe ainda outro aspecto: o caminho é perigoso, por se tratar de ser humano e crença. Envolver diretamente a esfera do sentido e da prática. Podemos fundamentar esse aspecto com as seguintes perguntas: Quando tentamos retirar ou extirpar algo do humano, o que oferecemos em troca? É possível pensar o ser humano sem paradigmas?

Não obstante, além de envolver o humano e o campo da crença, esse campo também é habitado por outros interesses, ou seja, falsas visões podem surgir em pessoas simples, como podem ser elaboradas a serviço de redes de opressão. Estamos falando de visões criadas por opressores, ditadores que, para garantir ideologicamente a subserviência e a opressão de grupos e povos, também elaboram falsas visões de Deus. São as visões a serviço do imperialismo e interesses escusos. É verdade! Muitas dominações históricas fundamentaram-se na esfera do religioso. Em nome de Deus, vários deuses foram criados para sustentar ou legitimar a guerra, a fogueira e o sacrificalismo de tantos inocentes.

Portanto, acerca de Deus, precisamos saber como desconstruir e construir verdadeiras visões. Acerca de Deus, reafirmar a pergunta: Como deixar Deus ser Deus? Como estabelecer visões que não percam seu caráter de mediação, de verbo de ligação ao Deus revelado e praticado por Jesus?

Em sentido metafórico, tomemos o exemplo do bom agricultor que, no campo de plantação, retira a erva daninha para que o trigo floresça e produza. Todavia, os dois nascem no mesmo terreno, daí a necessidade do discernimento.

Em termos práticos, estamos no campo do humano, metaforicamente terra fértil e frágil. Terra que exige paciência e preparação para novos plantios. Terra que exige tempo, adubagem e arado quando falamos de Deus, ou seja, sugere uma reviravolta do subsolo à condição de solo, isto porque, independentemente de nossas visões, o Deus verdadeiro já habita o mais íntimo de nossa condição humana. É um Deus escondido em nosso ser, que espera ardentemente o momento para se desabrochar e florir na plenitude de nossa existência. É um Deus que deseja ser tornar-se público e amado. É um Deus que antecede o humano e, ao mesmo tempo, reside no coração das pessoas.

A opção do presente texto não consiste em simplesmente desconstruir as falsas visões de Deus, o desejo é mais amplo: depois de olhar criticamente essas falsas visões, a pretensão é indicar a leitura que Jesus tinha de Deus a quem carinhosamente chamava de "Abba", ou simplesmente papaizinho. E, em última análise, apresentar o Deus praticado por Jesus como Deus amor.

1. FALSAS VISÕES DE DEUS

Deus omisso nas realidades históricas
Fato da vida

Em um debate acalorado entre André e Luana, estudantes do 5º período do curso de história, André foi incisivo:
– Luana, decisivamente minha questão é a seguinte: acredito em Deus, regularmente tenho uma prática religiosa e tudo mais. No entanto, não posso negar minha bronca com Ele. Pô! Em meio a tantas guerras, fome no mundo, tsunamis, desesperanças, terremotos, terrorismo... Ele está fazendo o quê? Por que não faz nada? Por que criou o mundo assim? Isso tudo acontecendo e Deus não faz nada?

Nesse tipo de visão, Deus é condenado pelo sofrimento no mundo. Ele seria como um telespectador que se realiza frente à desgraça alheia. Em última análise, a criação aos olhos humanos seria uma criação malfeita, pois permitiria essa situação que atenta contra a vida.

Trata-se de uma visão que, em última análise, acusa Deus de um sadismo exacerbado. Um Deus sentado em seu trono, apreciando o sofrimento humano e de toda a realidade criada.

Um Deus sedento de sacrifício e sangue. Um Deus que precisa ser evocado por uma oração de cobrança: "Que Deus faça alguma coisa pela fome do mundo!". Uma oração que não reconhece a grandeza de Deus, mas exige uma atividade restauradora: "Que Deus olhe por seus filhos na desgraça da guerra e da morte!"

É um Deus ausente da história, pior, omisso, que precisa ser lembrado de seu papel social a muito tempo esquecido. É um Deus que habita em outro mundo e que só vem a este quando cobrado.

Ao ser humano, cabem dois papéis fundamentais: primeiro o de vítima eterna frente a um Deus omisso e desinteressado pelo sofrimento no mundo e, segundo, o papel de lembrar Deus que Ele precisa tomar uma atitude no tocante às catástrofes.

O tema da liberdade, da escolha humana, social, ecológica, e o ser humano como aquele que produz cultura e faz história não são devidamente tematizados na relação visão de Deus e agir humano. Em se tratando de sofrimento no mundo, tudo é endereçado a Deus como causa primeira. Ele é o primeiro e grande causador de tudo. Por um motivo muito simples: o mundo é criação dele, Ele é o criador, nós somos criaturas. Portanto, passíveis perante sua grandeza.

Deus desumano
Fato da vida

Quando voltava para casa depois de um dia fatigado de trabalho, João foi terrivelmente atropelado por um motoqueiro a poucos metros de seu lar. Segundo alguns presentes no acidente, o motoqueiro havia ingerido bebida alcoólica poucos minutos antes do triste atropelamento.

Foram meses de sofrimento e lenta recuperação. Como era autônomo e a mulher estava desempregada, João passou por grandes momentos de dificuldade, uma vez que tinha de alimentar a família e comprar remédios. O dinheiro não era suficiente. Foram momentos de desespero e aflição. Se não fosse a ajuda de alguns vizinhos, a situação seria imensurável.

Em uma tarde foi visitado por uma pessoa religiosa que, diante dos fatos narrados por João, disparou a seguinte observação:

"Meu filho, isso tudo está acontecendo em sua vida porque é da vontade de Deus. Nada acontece sem que Ele permita. Você deve aceitar tudo isso como prova de amor e para sua salvação".

Essa segunda visão é decorrente da primeira. Se Deus é omisso diante das desgraças que acontecem no mundo e, por conseguinte, só toma uma atitude perante nossa reivindicação e oração suplicante, não obstante, o sofrimento, no caso da doença, mostra especificamente um propósito: Tudo é da vontade de Deus!

Na verdade, Deus provocaria o sofrimento no humano, pois o sofrimento, além de estreitar a relação entre ser humano e divino, é um eficaz caminho para a salvação. Então, não existe salvação sem sofrimento. O sofrimento físico causado por atropelamentos, doenças, negligência no sistema de saúde e coisas do gênero, é necessário. A questão não é o que fazemos dele e o que ele pode gerar de benefícios em nossa existência, o essencial é que temos de sofrer, pois ele é um caminho necessário para chegar a Deus.

Nessa triste lógica, os seres humanos causadores de sofrimento, além de serem inocentados, poderiam também ser entendidos como instrumentos de Deus para nossa salvação. Logo, diante de uma mãe que perde o filho de treze anos devido à bala perdida na guerra do narcotráfico, religiosamente teríamos de entender tudo como vontade de Deus. Ele tem um propósito com isso. Temos de aceitar! É uma visão de Deus que, além de ser falsa, chega à beira do cinismo em termos históricos no que concerne a uma sociedade violenta e sacrifical.

Assim, infelizmente nessa ótica, estaria "correto" quem afirma: "Assim como Jesus sofreu pendurado em uma cruz, nós também temos de sofrer". Ou: "Deus permite tudo isso para nosso bem!".

Essa visão de Deus, muito presente nos ambientes religiosos, também aparece bastante difundida em ambiente de opressão social e econômica. É comum diante da denúncia de uma sociedade desigual e opressora, dominantes e opressores religiosamente, afirmarem: "tudo isso é da vontade". E: "foi Deus quem criou o mundo assim". O que, portanto, significaria dizer: "não tem jeito, devemos aceitar o mundo como ele é".

Além de apresentar uma grande ingenuidade na esfera do relacionamento entre visão e Deus e o Deus de Jesus Cristo, essa visão revela a tentativa de conformismo diante de temas como: justiça social, inclusão social e exercício da cidadania. Nela Deus está desinteressado pelo humano e pela vida social. O ser humano não seria sua causa maior e a vida em sociedade não lhe interessa.

No caso do pobre, a questão seria mais trágica: diante de alguém faminto, excluído do banquete da vida, não respeitado em suas questões básicas, como direito de morar, vestir-se e alimentar-se, teria que escutar: "Meu filho, você é pobre porque Deus o fez assim". Ou: "Pobres sempre existirão entre nós". Portanto, diante do sofrimento dos pobres, um Deus desumano.

Deus banal
Fato da Vida

Maria, empolgada com o último encontro religioso do qual participou na noite anterior, relata para Sônia:
– Sônia, para mim, Deus é a plantinha que vejo pela manhã, o ar que respiro. Deus é tudo!
Sônia perpassada pela mesma atmosfera, complementa:
– Olha, Maria, decididamente não vou mais me ocupar das coisas do mundo, só das coisas de Deus.

Diferentemente da primeira e segunda visão que apresentam um Deus descompromissado com a história e movido por desumanidade, essa visão muito difundida na ordem presente banaliza Deus à esfera da realidade criada e nega, ao humano, o compromisso histórico.

No primeiro momento do diálogo acima, Deus é confundido com a realidade criada. O criador passa ao papel de criatura, um verdadeiro panteísmo. Logo, em nome do tudo que representa Deus na realidade existente, Ele não a transcende. Passa por um verdadeiro reducionismo; do estado criador à criatura. Portanto, é um Deus para ser percebido, contemplado e admirado. No entanto, não é um Deus que normativa e imprime a necessidade de opções e condutas coerentes com sua essência revelada em Jesus Cristo. É um Deus banal, sem começo, sem história, sem causa e sem futuro. É Deus somente para ser constatado e descrito conforme as subjetividades em curso. É um Deus manipulável, entregue à subjetividade humana, a serviço da estética e não da ética, do prazer e não da profecia. É um Deus previsível e sem horizontes para indicar ao humano. Verdadeiramente banal!

No segundo momento do diálogo, um pouco diferente do primeiro, a banalização ocorre não por reduzir o Criador à esfera da criatura, mas por dicotomizar o palco da relação entre ser humano e Deus. "Não vou mais me ocupar das coisas do mundo, só das cosias de Deus." Aqui, a ênfase recai mais sobre a dicotomia entre Deus e mundo e, por conseguinte, podendo encobrir uma verdadeira e sadia opção religiosa.

Nessa visão, profundamente platônica, não existe encontro entre história humana e Deus na história e para a história. São realidades incompatíveis, marcadas por uma distância abissal e incomunicável. Assim, o cidadão religioso não é cidadão desse mundo, pelo contrário, em nome de sua habitação celeste, ele deve orientar-se somente para o mundo de Deus. Este mundo está em outro mundo, mundo da beleza, da bondade, do amor... não fica aqui na terra e muito menos começa aqui. Nessa visão, temas como encarnação, vida pública de Jesus, Reino na história, opção evangélica pelos pobres, não ganham relevo. Tudo que implica na relação Deus e história é banal.

O mais importante é Deus e não o mundo. Deus representa bondade, amor, alegria e esperança. Por sua vez, mundo representa maldade, desamor, tristeza e desesperança.

O problema dessa visão começa a aparecer quando se tem de responder à pergunta: se existe uma oposição feroz entre Deus e mundo, por que Deus se fez mundo, história e ser humano em Jesus na Palestina do século I? Se a resposta consistir em dizer que foi para nos tirar desse mundo, então a banalidade já se instaurou e uma falsa visão de Deus se implantou.

2. O DEUS DE JESUS

Jesus não se ocupava de proferir grandes palestras sobre a maneira como invocar Deus. Sua preocupação central era a de praticar Deus. Em termos pessoais, mostrando que Deus perdoa (Mc 1,14) e, em nível social, testemunhando a proximidade do Reino (Mt 13,1-51). Quando invoca Deus, chama-o com o nome *"Abba"*, palavra aramaica que expressa a forma carinhosa de chamar Deus de Pai. Nada mais, nada menos que 170 vezes os evangelhos põem essa expressão nos lábios de Jesus.

É para esse Deus Pai e seu Reino que Jesus está voltado. Daí deriva sua visão de Deus como práxis. Nela o que importa é uma visão de um Deus para a história, para as pessoas e convidando-as para o Reino, e não uma visão ontológica, de um Deus-em-si.

Dessa forma, três visões de Deus destacam-se na prática histórica de Jesus.

Deus presente na história

É nessa história e não em outra que o Deus de Jesus se mostra. Portanto, como estabelece o Concílio Vaticano II, "o Povo de Deus esforça-se por discernir nos acontecimentos, nas exigências e nas aspirações de nossos tempos, em que participam com outros homens, quais sejam os sinais verdadeiros da presença ou desígnios de Deus" (GS 11).

O lugar de Deus na prática histórica de Jesus remete-nos para a história. Não é outro lugar o palco da revelação. É na história da humanidade que se dá a história da revelação. É por meio da história da salvação que somos convidados a fazer de nossa história uma história de salvação.

Assim, diante de uma falsa visão que apresenta Deus omisso nas realidades históricas, é preciso entender que Deus não está ausente e muito menos precisa ser evocado para vir nossa história, isto porque, desde toda a eternidade, Ele já incluiu a história dentro de si. Como criador em primeiro lugar, não é Ele quem deve prestar ajuda aos sofrimentos causados pela liberdade humana, pois desde sempre é Ele quem nos está convocando e solicitando a colaboração solidária em favor de seus filhos e filhas.

Presença que não se reduz à história. Transcendência, mistério inesgotável que se faz imanência em Jesus.

Nesse plano, é na história que o ser humano se salva, ou seja, é a partir da vida que leva em conformidade e em sintonia com o projeto de Deus operado por Jesus que determinamos nossa salvação. Por isso, além de pensar religiosamente nosso estar no mundo, temos de pensar, à luz da prática de Jesus, como ser e agir na história.

Deus solidário ao ser humano

Perante a acusação de um Deus desumano, de uma visão que matiza Deus alheio à realidade do sofrimento, faz-se necessário revisitarmos o tema do sofrimento criticamente.

Em uma Carta Apostólica de 1984, intitulada de *Salvifici Doloris* – O sentido cristão do sofrimento humano –, depois de constatar a presença do sofrimento no mundo, o papa João Paulo II constata que infelizmente, na pergunta sobre o sofrimento no mundo, o ser humano "não põe esta questão ao mundo, ainda que muitas vezes lhe provenha do mundo; mas põe-na a Deus" (SD 9). Esse intento não inviabiliza a pergunta a Deus, contudo, o fato de Deus ser o artífice do sofrimento no mundo é um verdadeiro equívoco. Primeiro, porque o tema do sofrimento é um assunto mais complexo e está enraizado na humanidade. Logo, ele transborda o campo da doença e da dor física.

Em segundo lugar, na pergunta por que sofre o ser humano, precisamos observar criticamente o agir humano, ou seja, o ser humano sofre porque se torna vítima de suas próprias escolhas, da escolha para outros e escolha de outros. Em outras palavras, o sofrimento também encontra explicações no próprio agir humano. Exemplo dessa ordem são as guerras como resultados de tomadas de decisões eminentemente humanas. Portanto, o tema do sofrimento envolve também decisão humana.

O ser humano sofre porque alguns sofrimentos são inevitáveis a ele. Exemplo é a velhice e o que ela acarreta com o tempo para o corpo. Não obstante, sofre também porque usa equivocadamente a liberdade.

E o Deus praticado por Jesus, como se posta diante do sofrimento humano em seu aspecto físico e da doença? De forma desumana? Indiferente?

Além de concretizar Deus solidário ao sofrimento humano, Jesus tornou-se inquestionavelmente próximo à realidade dos sofredores. Sim, pois em sua vida pública ele experimentou o sofrimento. Cada dia mais em sua vida histórica foi desprezado, insultado e conduzido violentamente a ser excluído do mundo dos vivos.

Contudo, o sofrimento na vida de Jesus não justifica uma visão de Deus como desumano frente à realidade do Filho e dos filhos e filhas. O sofrimento na vida de Jesus não justifica a passividade dos crentes diante do sofrimento no mundo, pelo contrário, diante dos sofrimentos causados por mãos humanas, urge a postura evangélica de se colocar solidariamente ao lado (Lc 10,25-37).

É pelo amor operoso a Jesus Cristo e ao próximo que se supera, em muitos aspectos, a dimensão do sofrimento na perspectiva de uma falsa visão de Deus, para uma visão solidária e de um Deus em direção ao ser humano.

Assim, do ponto de vista evangélico, o enfrentamento ao sofrimento sugere tomada de decisão e atitude, e não conformismo e passividade. Em nome de Deus, não podemos sustentar e justificar deliberadamente a existência do sofrimento do mundo, como uma realidade fundada no próprio Deus.

Deus tem um projeto acerca do ser humano

A visão que Jesus tem de Deus não está envolta por banalidades e futilidades. É uma visão histórica e com um projeto sobre a história.

Sua visão apresenta um Deus criador, que convida o ser humano a ser seu colaborador na realidade criada. Na criação, o ser humano não está acima do ponto de vista hierárquico em relação a outras criaturas. Assim, ele é chamado a ser um ser com os outros existentes. Um promovedor e defensor da vida.

A opção por essa realidade envolve livre-arbítrio da parte do humano. Resposta que se for positiva é dada a Deus e na história.

Para o ser humano trilhar esse caminho, o próprio Jesus mostrou a forma de percorrê-lo como sua própria vida. Encarnando-se na história, convidou os seres humanos a realizarem o mesmo, mostrando assim que não é possível fugir da história para chegar a Deus. Pelo contrário, nosso caminho de acesso a Deus depende da maneira como na história vivemos seu projeto (Mt 25,31-46).

Logo, o Deus de Jesus não nos permite esquivar da história, eis o dilema que todo ser humano deve enfrentar de agora em diante: o caminho para Deus passa pela história, passa, sobretudo, pela construção de um mundo de paz, amor e justiça. Se o ser humano não se encarnar e se humanizar operosamente nessa dimensão, ele não se diviniza. Se ele pretende encontrar Deus, esquecendo-se, de cuidar envangelicamente das coisas existentes, ele não o encontra.

Foi esse o caminho que o Filho percorreu. Ele que tinha a condição divina encarnou-se, veio a nosso encontro, fez-se pessoa, cuidou dos mais pobres e da vida em geral a caminho de Deus e de seu Reino.

Portanto, a visão que Jesus tinha de Deus reclama uma nova humanidade nos seres humanos. Reclama um assumir plenamente nossa humanidade, humanizando-nos em direção a toda realidade viva. À luz da fé, essa humanização torna-nos divinos, pois foi esse um dos motivos da encarnação de Jesus: ele se fez humano para que nós, assumindo nossa humanidade a exemplo dele, tornássemos divinos.

3. DEUS É AMOR

Fundamentalmente eis a grande visão de Deus deixada a nós pelo legado de Jesus na história: Deus é amor.

É o Deus acolhedor, compassivo e festivo da parábola do filho pródigo (Lc 15,11-32), o Deus que faz justiça ao pobre (Lc 4,16-20), o Deus que ama todos os filhos no projeto histórico (Jo 17,15-19). É um Deus que ama porque é amor.

O Deus amor de Jesus é um Deus que ultrapassa nossas tentativas teológicas de compreendê-lo. Ele é maior que nosso coração é capaz de amar (1Jo 3,20).

É um amor que se antecede ao humano. Amor gratuito por não cobrar nada em troca. Amor capaz de enviar seu próprio Filho em direção ao humano (1Jo 4,10).

O Deus amor de Jesus é um Deus generoso em relação a criatura. Não é um Deus descompromissado com a história e desumano com seus filhos e filhas, muito menos um Deus ocupado com banalidades.

O Deus de Jesus é um Deus apaixonado e encantado pela condição humana. Torcendo pela felicidade de cada um. É verdadeiramente um Deus que cria o humano para a felicidade desde sempre. Não pode ser confundido com um Deus ausente, indiferente, maldoso, perverso, castigador, rancoroso e insensível. Esse não é o Deus de Jesus que aparece nos evangelhos, no máximo pode ser um deus inventado por corações desinformados ou maldosos, ou seja, informações e falsas visões de Deus que não deixam Deus ser Deus.

4. PARA REFLETIR

1. Há outras falsas visões de Deus? Quais?
2. Há outras visões de Deus na vida de Jesus? Quais?
3. Qual é o lugar de Deus amor em minha vida?

5. REFERÊNCIAS

CASALDÁLIGA, P. *Nossa Espiritualidade*. São Paulo: Paulus, 2003.

JOÃO PAULO II, *Carta Apostólica Salvifici Doloris*. São Paulo: Paulinas, 1984.

QUEIRUGA, A. T. *O Fim do Cristianismo Pré-moderno*. São Paulo: Paulus, 2003.

2

EM BUSCA DE JESUS HISTÓRICO

A teologia só pode pensar em Deus
de tal maneira que a priori
o mistério cristológico seja possível.

Jon Sobrino

É notório, nas últimas décadas, o interesse pela produção teológica em torno de Jesus histórico. Cada vez mais a volta ao Jesus de Nazaré está apontando para o que disse, o que fez e para onde apontou em seu itinerário histórico. De fato, essa grande empreitada dos teólogos modernos tenta conciliar o Jesus da Palestina do século I e as pertinências para a fé cristológica dos cristãos hodiernos.

Mas o que significa pensar concretamente Jesus como histórico? Significa efetivamente a realidade de Jesus de Nazaré, sua vida e missão, suas palavras, seus atos, sua práxis, seu conjunto de vida, sua prática inserida em uma realidade concreta e, ao mesmo tempo, orientada para uma situação maior: o Reino.

Esse Jesus palestinense foi profundamente histórico, gerador e defensor de relações humanizantes em direção ao Reino e a sua visão do Deus do Reino como Deus da vida e a favor dos pobres. Como postulador de novas alteridades, conclamou uma comunidade de seguidores onde o amor fosse o imperativo vital para uma relacionalidade sadia.

A esse Jesus, cabe aos cristãos redescobrirem no tempo presente. Pois se trata do Jesus do evangelho, um Jesus aberto e acolhedor em seu itinerário humano. Um Deus encarnado, humano, que valorizou a alteridade.

Para o teólogo Karl Ranher, a volta à humanidade de Jesus indica que Jesus é verdadeiramente ser humano e que, no Deus feito carne, o próprio Deus em seu Filho nos acolhe e ama em plenitude.

O retorno ao Jesus histórico representa, para as cristologias atuais, o ponto de partida para sistematizar Jesus, ou seja, não podemos teologizar Jesus fora de sua história, seu conjunto de vida e destino de cruz. Isto significa a totalidade de sua existência inserida em uma realidade histórica situada, mas que continua interpelando-nos ainda hoje.

Por Jesus histórico entendemos a vida de Jesus orientada para o Reino e o Deus do Reino. Trata-se de um Jesus concreto que viveu no primeiro século da Palestina.

1. QUEM É JESUS?

Uma exigência, que se coloca a qualquer cristologia séria no vasto panorama teológico atual, é a resposta à pergunta de Jesus de Nazaré a seus discípulos de ontem e hoje: "E vós quem dizeis que eu sou?" (Mc 8,29). Como afirmamos, uma provocação sempre atual e pertinente.

Incontestavelmente, essa pergunta, eminentemente histórica, exige uma resposta também histórica. Todavia, mesmo tomando o cenário histórico como palco para a resposta, o que não pode e não deve mudar, diante das mais variadas respostas, é o fato de que Jesus é o Cristo como aparece na profissão de fé primitiva: "De fato, Ele rebatia vigorosamente aos judeus em público, demonstrando pelas Escrituras que Jesus é o Messias" (At 18,28). E ainda: "Quem é o mentiroso? É aquele que nega que Jesus é o Messias" (1Jo 2,22).

Logo, se por um lado a cristologia envolve uma resposta à pergunta posta por Jesus, por outro lado, a cristologia nasce da resposta como profissão de fé em Jesus como o Cristo.

Afirmar que Jesus é o Cristo, implica em acreditar que a fé cristológica é uma profissão de fé consciente, irrefutável em Jesus como o Messias, o enviado da parte de Deus entre nós. E mais: que a fé em Jesus Cristo implica em seguimento e prosseguimento de seu projeto histórico e escatológico.

Professar Jesus como o Cristo, o Messias, o Enviado da parte de Deus, significa afirmar que existe uma continuidade entre o ressuscitado e o crucificado, o que, portanto, não é possível dicotomizar o ressuscitado do crucificado ou platonizar a ressurreição em relação à crucificação.

O ressuscitado foi o mesmo que viveu, andou, alimentou-se, foi crucificado e morto pelos poderes religiosos e políticos presentes na Palestina do século primeiro.

O que ressuscitou foi o mesmo Jesus de Nazaré, filho de Maria e José. O mesmo Jesus que percorreu várias vezes os caminhos entre Nazaré e Jerusalém.

O ressuscitado não se contrapõe ao crucificado. Não são duas pessoas distintas que viveram em uma mesma época determinada. É o mesmo Filho de Deus feito ser humano, conforme atesta o texto escriturístico: "Que todo povo de Israel fique sabendo com certeza que Deus tornou Senhor e Cristo aquele que vocês crucificaram" (At 2,36).

Diante da pergunta, quem é Jesus? A resposta não se esquiva da realidade da própria história de vida de Jesus: É aquele que nasceu na periferia de Belém, em Nazaré cresceu em sabedoria e graça diante de Deus e dos homens, aprendendo vários ofícios normais como qualquer judeu de sua época e que, devido a seu estilo de vida e a suas opções humanas e religiosas, foi perseguido e condenado a morte de cruz. Todavia, a morte não foi a palavra final sobre sua vida, pois conforme os textos do Novo Testamento, Deus o ressuscitou dos mortos (At 18,5).

Nas belíssimas palavras do Concílio Vaticano II, frente a quem foi Jesus, eis a resposta: Alguém que "trabalhou com mãos humanas, pensou com inteligência humana, agiu com vontade humana, amou com coração humano. Nascido da Virgem Maria, tornou-se verdadeiramente um de nós, semelhante a nós em tudo, exceto no pecado" (GS 22).

2. A QUESTÃO DO REINO EM JESUS

A partir do caminho histórico de Jesus, o tema do Reino de Deus exige concomitantemente a relação entre Reino de Deus e o Deus do Reino, isso porque não é possível parcializar um em detrimento do outro. Portanto, para uma devida compreensão do primeiro faz-se necessário falar do segundo e vice-versa.

O Reino de Deus

Um dado histórico bem sistematizado da vida de Jesus é que pregou o Reino de Deus (Mc 1,15). Essa é sem dúvida a grande centralidade de sua vida. Motivo maior que sustentou seu estilo de vida e, em última análise, ajuda a entender um dos fundamentos de sua morte cruel.

Do princípio até o fim de sua vida terrena, Jesus anunciou e testemunhou o Reino, e, mais, confiou essa tarefa também a seus discípulos (Lc 9,1-3).

Para o teólogo Jon Sobrino, a ultimidade do Reino de Deus na missão de Jesus aparece sob três aspectos: Primeiro, o problema teológico. Qual é a realidade última para Jesus? Segundo, o problema histórico. O que é o Reino de Deus para Jesus? E terceiro, o problema escatológico. Como se faz próximo o Reino de Deus?

Quanto à problemática teológica da ultimidade do Reino para Jesus, cabe inicialmente uma provocação: O que significa "último" para Jesus?

Último para Jesus é o Reino de Deus. Vários textos bíblicos atestam essa situação (Mt 6,10; 12,28; Mc 1,15; Lc 4,16-19). Logo, sobre essa ultimidade para Jesus, o que está em relevo é muito mais que uma mera relacionalidade entre Jesus e o Reino de Deus; é, outrossim, Jesus e o Reino de Deus em sua relação com a história da humanidade, sua realidade de imanência e transcendência e o que ela provoca.

Sobre a problemática histórica, tentando estabelecer uma resposta para a pergunta: O que é o Reino de Deus para Jesus? Jon Sobrino chama atenção para o fato de que não se deve considerar somente o que Jesus disse explicitamente sobre o Reino, mas também o que ele disse e realizou em forma de serviço ao Reino de Deus. O que, portanto, significa dizer que a extensão da pergunta representaria, impreterivelmente em sua parcialidade histórica, um Reino com boa nova de libertação para os pobres.

Aprofundando a terceira e última problemática, que é uma questão de cunho escatológico, portanto, como se faz próximo o Reino de Deus para Jesus. A solução dada por Oscar Culmman, "do já e do ainda não", seria uma alternativa para entender o levantamento da problemática.

Todavia, para Jon Sobrino, com uma atenuação: "Se alguém quiser vir após mim, negue-se a si mesmo, tome sua cruz e siga-me" (Mc 8,34), ou seja, na tônica do estreitamento entre cristologia e seguimento, do seguir Jesus diante daquilo que Ele disse e fez em favor do serviço ao Reino de Deus, acredita-se que, esperança e práxis libertária, à luz de uma opção pelos pobres, faz presente e próximo o Reino Deus.

O Deus do Reino

De fato não podemos falar de Reino de Deus fora do horizonte do Deus do Reino. Isso representaria uma falta teológica grave, uma espécie de esvaziamento teológico frente a uma temática tão fontal.

Assim, o tema Reino de Deus e o Deus do Reino são os dois temas constantes em Jesus. No fundo resumem-se em um só, pois todo o anúncio do Reino depende da nova visão do Pai apresentada por Jesus. O amor do Pai concentra-se na realidade do Reino, incipiente ainda, mas já a caminho. O "Abba" de Jesus é o Deus do Reino.

O Reino confirma o ser de Deus como "Abba" e a paternidade de Deus é a matriz central e razão de ser do Reino. Jesus, por sua ordem, crê e prega que não se pode chegar a Deus a não ser pela busca incessante do Reino e que o Reino só é possível na paternidade do Pai.

É para esse Deus-Pai que Jesus está voltado, não para si. Essa alteridade teocêntrica move Jesus na direção do Reino de Deus e do Deus do Reino. Confiança que faz Jesus praticar Deus-Pai em dois níveis:

Primeiro – Deus é bom para o Filho e para os seres humanos (Jo 10,7-18). Daí como se afirma em Atos dos Apóstolos, a preocupação constante de Jesus de fazer o bem (At 10,38) e de historizar Deus como eterna bondade. Como bondoso, Ele se rebela também em sua ultimidade como Deus amor – ágape –, como diz João (1 Jo 4,8), eterno amor compassivo, como aparece em Lucas (Lc 15,11-31).

Segundo – O Deus bom não é autoritário nem opressor. Daí a maneira de Jesus praticar Deus passar pela ótica do serviço (Mc 10,45), e a forma dos discípulos praticarem Deus passar por tamanha exigência (Mc 9,35).

Biblicamente, fica evidenciado, portanto, que Jesus buscou construir uma história a partir do Deus do Reino. Seu compromisso para com a paternidade divina nucleou seu agir histórico e escatológico. Por isso podemos afirmar que o principal para Jesus é a realização da vontade do Pai.

3. O DEUS DO REINO COMO DEUS DA VIDA

Em solo latino-americano, de acordo com a teologia e a cristologia da libertação, a sistematicidade sobre o Reino e o Deus do Reino exige ainda outra realidade teológica: pensar Deus como Deus da vida.

O Deus da vida

As expressões Deus do Reino e Deus da vida são duas situações complementares de uma única realidade. Não estamos falando de dois deuses. A questão aqui teologicamente é mais continental, latino-americana, pois a Teologia e a Cristologia da Libertação, quando entende o Deus do Reino, por questões próprias do fazer teologia, compreende Deus-Pai nos atos e atitudes de Jesus também como o Deus da vida. Com isso não negamos a ênfase bíblica dada a Deus como Deus da vida que é anterior à Teologia da Libertação e à Cristologia da Libertação (Jo 10,10).

Outro motivo para entendermos Deus como Deus da vida: é a própria situação da América Latina, onde vida e morte não são meramente conceitos expostos à especulação teológica, mas uma situação diária.

Na cristologia da libertação, a afirmação de Deus como Deus da vida é a principal chave de leitura para compreendermos a conflitividade de Jesus com seus adversários e sua luta contra os sistemas que promovem a morte. Obviamente, a defesa de Deus como Deus da vida ajuda até mesmo a explicar a relação de rebeldia e inconformismo de Jesus com a situação religiosa de sua época, ou seja, por trás da conflitividade vivida por Jesus com os poderes religiosos está uma visão de Deus mais plural, presente na história a favor da vida. Contraria a visão de alguns grupos religiosos que fechavam Deus no templo e o colocavam a serviço dos poderosos.

Essa visão de Deus que Jesus tem motiva-o a pregar e agir em favor da vida e de sua plenitude.

Sem dúvida nenhuma, a questão do Deus da vida na prática de Jesus revela substancialmente o plano original de Deus para o ser humano: que o ser humano tenha vida plena (Jo 10,10).

Por fim, a prática do Deus da vida em Jesus não foi um slogan para efetivar a parcialidade histórica do Reino de Deus, na qual acreditava e servia. O Deus da vida em Jesus é profundamente partidário (Lc 4,16-44), Ele toma a dor do pobre e denuncia os grupos que promovem essa pobreza e morte.

4. PARA REFLETIR

1) Quem é Jesus para você?
2) Que outras visões podemos ter de Reino e Deus do Reino?
3) Como apresentar, nos dias atuais, Deus como Deus da vida?

5. REFERÊNCIAS

MOLTMANN, J. *Quem é Jesus para nós hoje?* Petrópolis: Vozes, 1997.

RAHNER, K. *Curso fundamental da fé.* São Paulo: Paulinas, 1989.

SOBRINO, J. *Jesus, o libertador.* Petrópolis: Vozes, 1994.

3

FORA DA HISTÓRIA, NÃO HÁ SALVAÇÃO

*O destino comum foi globalizado;
ou cuidamos da humanidade e do planeta Terra
como um todo, ou não teremos
mais futuro comum.*

Leonardo Boff

Com o estreitamento na relação entre história, teologia e agir cristão (GS 4 e 11), o Concílio Vaticano II favoreceu enormemente a possibilidade de uma leitura teologal sobre a história. Isso porque, com a ruptura aos esquemas dicotômicos existentes em vários ambientes teológicos, essa relação estava, em muitos aspectos, aprisionada nos porões de uma grande variedade de teologias. De fato, essa descontinuidade, infelizmente, era uma constante em muitos cenários teológicos. O pior é que perdura ainda em alguns ambientes.

No entanto, com o Concílio, a teologia é convidada a retornar ao entendimento da história, da função social e do agir cristão na vida de forma geral.

Movida por uma visão teologal, os cristãos são chamados a se perguntarem sobre seu momento histórico e, ao mesmo tempo, começarem a discernir sobre os desejos de Deus acerca da vida, dos seres humanos e de toda a realidade criada.

Essa visão da teologia sobre a história hodierna conclama os cristãos que, movidos pela fé e conduzidos pelo Espírito de Deus, são impelidos a observar na ordem do presente e a perceber, neles, os sinais da presença e dos desígnios salvíficos de Deus acerca do mundo, dos seres humanos e de todas as coisas vivas.

Daí resulta que todo olhar de fé é agora um olhar sobre a história, na história e para a história, o que, portanto, o diálogo rompido entre teologia e história de outrora agora ganha novos significados. E mais: o cristão não é alguém mais passível no horizonte histórico. Sua atividade à luz do evangelho é uma questão fontal para determinar sua relação como o plano salvífico de Deus.

1. HISTÓRIA, TEOLOGIA E AGIR CRISTÃO

O redescobrimento da história tornou-se algo vital, o lugar desde onde se sistematiza a teologia de forma geral. Se no passado – exemplo: escolástica – a racionalidade teológica cristã não se interessava muitas vezes pelos problemas reais do ser humano. Agora, não se pode dicotomizar teologia e história. É nessa história e não em outra que Deus se manifesta. Então, o fazer teológico não pode se dar à margem da plataforma histórica. Portanto, em termos históricos, passamos de uma realidade na qual *"fora da Igreja, não há salvação"* (*extra ecclesiam nulla salus*) para uma ordem na qual *"fora da história, não há salvação"* (*extra mundum nulla salus*). Com isso, já estamos para além de um *"fora das religiões, não há salvação"* (*extra religionem nulla salus*).

Aqui, cabe à teologia cristã tomar a história continuamente como lugar hermenêutico. Pensar naquilo que enfatizou o Concílio Vaticano II: "Movidos pela fé, conduzidos pelo Espírito Santo do Senhor que enche o orbe da terra, o Povo de Deus esforça-se por discernir nos acontecimentos, nas exigências e nas aspirações de nossos tempos, em que participam com os outros homens, quais sejam os sinais verdadeiros da presença ou dos desígnios de Deus"(GS 11).

O estabelecimento da história como palco por onde a teologia desfila sua racionalidade normatiza que não é uma Igreja ou as religiões que salvam, mas é na história que o ser humano se salva, ou seja, é a partir da vida que leva em conformidade e em sintonia com o projeto de Deus operado por Jesus que é determinada a salvação humana. Por isso, além de pensar religiosamente o estar no mundo, precisamos pensar como o cristão deve estar na história. Para isso, propomos alguns elementos em sintonia com o pensador Jacques Delors:

Aprender a conhecer

O cristão atual precisa buscar conhecer seu tempo histórico. Sem se tornar um especialista multidimensional, precisa avançar na pergunta sobre o que faz essa realidade histórica presente ser histórica. Para isso é preciso mergulhar no conhecimento crítico da cultura hodierna, que como diz o documento da Conferência Episcopal de Aparecida, vem transformando as relações humanas: "Vivemos uma mudança de época, e seu nível mais profundo é o cultural... Em meio à realidade de mudança cultural, emergem novos sujeitos, com novos estilos de vida, maneiras de pensar, de sentir, de perceber e com novas formas de se relacionar. São produtores e atores de nova cultura" (DAp 44 e 51).

Aprender a conhecer significa um interesse maior pelas realidades existentes, tais como: universo, vida do planeta, aquecimento global, catástrofes ecológicas, fome no mundo, meios de comunicação, saúde do corpo etc. Aprender a conhecer é interessar-se pelas coisas existentes.

Conhecer para compreender e refletir criticamente o momento atual. Daí a necessidade de não se entregar a esquemas ultrapassados, esquemas que não nos ajudam a enxergar este mundo como uma realidade contraditória e complexa.

Estamos em uma época em que a textura social está perpassada por uma pluralidade e transitoriedade de situações, portanto, aprender a conhecer implica ruptura com os quadros imutáveis que usávamos para entender a Idade Média. Nosso tempo é outro; ele está baseado no acúmulo de informação e no conhecimento científico como poder.

Portanto, conhecer o mundo e a história significa ir além da sacristia das Igrejas e dos dogmatismos religiosos, para se perguntar a priori que mundo é este?

Mesmo que os "óculos" da religião ajudem-nos a entender a história, eles não são suficientes. Cabe ao cristão discernir criteriosamente sobre novos instrumentos e buscar conhecer a história, passado e presente, à luz de outros "óculos".

Aprender a agir

O cristão atual não pode sofrer de uma eterna e obcecada síndrome de saudosismo do passado. O mundo mudou! Seu agir na história não pode ser da mesma forma que fora outrora. Se do ponto de vista da fé não vivemos sem memória, a memória por sua vez, do ponto de vista da relação cristianismo e história, não significa um eterno retorno ao ontem para resolver os problemas de hoje. Não vivemos mais em uma visão de mundo agrário e sob a tutela da religião cristã católica. Com certeza, a modernidade não é uma espécie de *"filho pródigo"* que irá pedir perdão à Igreja e voltar à cristandade medieval. Precisamos interpretar nosso tempo e nele agir, e fundamentalmente agir de forma cristã.

É na história de hoje que o cristão é chamado a agir. Sua pátria é o presente e seu futuro está intimamente ligado à forma como se insere e atua no mundo corrente.

Aprender a viver com os outros

Como cristãos não somos o mundo, mas simplesmente mais um no mundo. Portanto, o despertar para o outro é uma questão-chave para o futuro do cristianismo.

Se a descoberta do outro nos permite a descoberta de novos conhecimentos da diversidade da espécie humana, em uma perspectiva mais plural, e do resgate das biodiversidades, a descoberta do outro, leva-nos à tomada de consciência da interdependência que há entre todas as coisas existentes no planeta. Daí a necessidade de aprendermos mais sobre o outro, sobre como convivermos e vivermos com ele. Outro que é toda forma de vida existente, portanto, mais que o ser humano.

No mundo atual a política do *"Robinson Crusoé"* está em crise. Vivemos em um mundo globalizado, em uma grande aldeia global. Não é possível vivermos mais em uma espécie de ilha longínqua, isolados de tudo e todos. Estamos continuamente perpassados pela alteridade do outro. Daí a necessidade de aprendermos a viver com os outros e ter no outro e com o outro a possibilidade de criarmos um mundo possível.

O respeito ao outro é uma questão *sine qua non*, para a boa convivência no planeta.

Em termos religiosos, o respeito ao outro exige a superação da superioridade de uma religião sobre outra. Somos diferentes porque somos um outro. Daí a necessidade de dizimarmos a intransigência religiosa. Quanto mais intransigentes formos, mais distante de Deus estaremos. Quanto mais hospitaleiros e respeitador com o diferente nos tornamos, mais e mais estaremos caminhando para Deus.

Da parte do cristianismo, cabe aos cristãos essa vontade inquieta de querer exercitar e buscar um devido equilíbrio de viver com os outros.

Aprender a ser

O cristão de hoje não pode renunciar sua potencialidade de tornar-se um ser mais integral. Ele não é somente um ser religioso, mas também é um ser corpóreo, sensível, estético, ético, responsável, cultural, racional e espiritual. Todas essas dimensões residem no ser humano e estão à espera de um devido desenvolvimento. Por isso, todo ser humano deve ser preparado de modo a desdobrar suas potencialidades ao longo da vida.

Cabe ao cristianismo fomentar e efetivar um desenvolvimento mais global do ser humano. Como uma religião na história, ele tem uma função pública, que é pensar e articular uma vida humana mais plena. Sua função histórica não se dá somente na esfera do religioso, pois a mensagem de Jesus não esteve orientada somente para o espiritual. Ele se preocupou com a vida concreta das pessoas. Para Ele o ser humano não é dualista – espírito e corpo –, e sim dual – espírito/corpo.

2. FORA DA VIDA, NÃO HÁ SALVAÇÃO

Estamos contemplando o surgimento de um novo paradigma histórico na ordem planetária: o paradigma ecocêntrico. Paradigma em que a biodiversidade, ou seja, as mais variadas formas de vida, agora é colocada no centro do planeta e a própria vida do planeta vai para o centro. Essa nova visão de mundo substitui a visão antropocênctrica do século XVII e séculos seguintes. Agora é a vida em seu sentido macro e não apenas a vida do ser humano que está no centro.

Para Leonardo Boff, um dos grandes defensores dessa nova situação planetária, tudo se deve a sensibilidade humana, que vem redescobrindo no pensamento ecológico a valorização das biodiversidades. De fato, as últimas décadas vêm mostrando, no campo das evidências e das pesquisas, algo terrível por parte dos seres humanos; nós temos o poder de gerar uma autodestrutividade em massa. Sem dúvida, podemos afetar profundamente a biosfera e destruir todas as condições de vida. Daí, a necessidade de cuidarmos da vida do planeta e de tudo o que nele existe e coexiste.

A defesa da vida, como realidade que designa a dialogação entre todas as realidades existentes, torna-se uma das grandes bandeiras de luta neste momento.

Essa visão muda profundamente nossa percepção sobre a existência: o planeta terra é um grande ser vivo que em seu interno abriga uma verdadeira diversidade de vidas. Nele, todas as formas de vida estão intimamente interconectadas. Como nos diz Leonardo Boff, nosso futuro depende da forma como cuidamos do planeta como uma realidade viva.

Do ponto de vista cristão, ao perguntar-nos sobre o que é a vida, indubitavelmente, a resposta indicará para a vida como um dom de Deus. Todavia, não podemos pensar mais somente a partir dos seres humanos. Quando perguntados sobre a vida, temos de tomar toda realidade criada, existente e coexistente, como dom de Deus. O Deus criador cria a vida: o planeta, as águas, as plantas, as aves... E não somente a vida humana. Ao ser humano, é dada a responsabilidade, em um ato colaborador com o Criador, de cuidar das outras vidas.

Para o cristão, o modelo de vida por excelência é a vida de Jesus. Como ser vivente, Jesus defendeu a vida como valor supremo (Jo 10,10). Sua forma de relacionar-se com a vida o colocou em uma constante postura de alteridade. Ele indicou a vida da parte de Deus (Jo 5,20-21), colocou-se como vida (Jo 14,6), e vida para os próximos (Mt 4,24-25), postulou que matar a vida é um grande pecado (Mt 5,21-26), indicou o entregar a vida a ele como critério de seguimento (Mt 10,39) e, por fim, na ressurreição mostrou definitivamente Deus como o Deus da vida (1Pd 1,3-4).

Por meio de uma vida simples, Jesus mostrou o caminho da vida e da vida eterna (Jo 6,36-40). Fez com que o serviço à vida postulasse que fora dela não há salvação.

3. FORA DOS POBRES, NÃO HÁ SALVAÇÃO

Uma das grandes riquezas da teologia da libertação na realidade pós-conciliar foi de convidar a Igreja de forma geral a revisitar a opção pelos pobres. Opção presente no Primeiro Testamento (Êx 3,7-10) e, sobretudo, nos atos e atitudes de Jesus (Lc 4,16-19; Mt 25,31-46).

Opção que o Concílio Vaticano II evidenciou na Constituição Pastoral *Gaudium et Spes:* "As alegrias e as esperanças, as tristezas e as angústias dos homens de hoje, sobretudo dos pobres e de todos os que sofrem, são também as alegrias e as esperanças dos discípulos de Cristo" (GS 1).

No atual momento histórico, urge retornarmos a opção pelos pobres. Se fora da vida não há salvação, temos que nos perguntar sobre as realidades vitimadas e excluídas do direito a participar do banquete da vida e indagar-nos: Fora dos pobres, há salvação?

Entre as vidas vitimadas da sociedade globalizada encontra-se a vida dos pobres, tão despedaçada e maltratada ultimamente. Retornar a opção pelos pobres na lógica de uma sociedade globalizada é propor uma nova lógica de inclusão e de solidariedade global.

A centralidade ecocêntrica não excluiu a opção pelos pobres, exige algo a mais.

Uma sociedade que se pretende viável, em seus mais variados setores da vida social, tem de começar debaixo.

Ela deve voltar-se para baixo e, em um movimento *kenótico*, começar a partir das vítimas deste mundo: os pobres.

De fato, a partir do enfoque cristão, a existência dos pobres hoje revela que não estamos rezando o Pai-Nosso concretamente quando dizemos: "seja feita sua vontade, assim na terra como no céu". Daí a afirmação e certeza: fora dos pobres, não há salvação.

4. PARA REFLETIR

1. Como é seu olhar teologal sobre a história?
2. Como articular história e salvação nos dias atuais?
3. Como optar pelos pobres hoje?

5. REFERÊNCIAS

BOFF, L. *Virtudes para um outro mundo possível.* Petrópolis: Vozes, 2006.

CELAM. *Conclusões de Aparecida.* São Paulo: Paulus/Paulinas, 2007.

DELORS, J. *Educação, um tesouro a descobrir.* São Paulo: Cortez, 2001.

4

O SER HUMANO
NA PERSPECTIVA CRISTÃ

> *Numa palavra,*
> *eu diria que o ser humano*
> *é um projeto infinito.*
>
> Leonardo Boff

1. INTRODUÇÃO

Um jovem procurou um grande mestre e disse:
– Mestre, o que devo fazer para me tornar plenamente humano?

Prontamente o mestre respondeu:
– Amanhã, nas primeiras horas do dia, deve subir a montanha sagrada e observar a planície que a cerca.

Logo de manhã, o jovem subiu a montanha e contemplou a planície. Ao entardecer, voltou ao mestre que perguntou:
– O que contemplastes durante o dia?

E o jovem respondeu:
– Observei rios e aldeias na planície.

E o mestre disse:

– Amanhã faça o mesmo caminho.

Quando o jovem retornou no final do dia, o mestre perguntou:

– O que contemplastes durante o dia?

– Contemplei rios e aldeias na planície. Porém, nesse segundo dia, observei mais a forma como foram construídas as aldeias. Cada uma em seu estilo próprio. Lá percebi que existiam pessoas, algumas estavam alegres, outras tristes. Percebi também que muitas pessoas ajudavam umas as outras, ao mesmo tempo que algumas ficavam indiferentes a outras – respondeu o jovem.

– Muito bem – disse o mestre. – "Amanhã faça o mesmo caminho."

No final do dia, ao retornar da montanha, partilhou o jovem com o mestre:

– Hoje, contemplei novamente as aldeias e seus moradores. Senti vontade de estar entre eles, partilhar seus sonhos, angústias e desejos, esperanças e desesperanças.

– Muito bem, meu jovem! – Disse o mestre. – "Estamos quase prontos para conversar sobre o caminho para se tornar plenamente humano."

2. O SER HUMANO

O que é o ser humano? Como humanizar o ser humano? São perguntas importantes sobre a condição humana. Muito mais que o ato de dormir, alimentar-se, trabalhar e divertir-se. O ser humano está carregado de um grande mistério. Ele é muito mais que definições, como ser cultural, inteligente, emotivo, corpóreo, espiritual, livre, social, estético e prático. Mesmo contemplando todas essas multidimensionalidades e características multifacetárias, algo ainda fica a dizer sobre ele. Algo ainda escapa. Realidade que encanta por apresentar o humano para além das categorias de entendimento do próprio humano. Realidade que pode amedrontar por apresentá-lo como um ser de surpresa e iniciativas várias.

Como realidade encantadora, a condição humana não está delimitada pelas cadeias e muros de sistemas reducionistas. O ser humano é um ser de rebelião, capaz de transcender o óbvio, o preestabelecido. Em sua abertura às mudanças, ele escapa ao conceito gerando, no outro, espanto, alegria e admiração. De fato, o ser humano é um mistério em estado constante de aprendência. Nada pode encadeá-lo e enjaulá-lo. Ele sempre transgride e descobre novos horizontes.

Todavia, ele é também um ser desencantador, demente, sujeito produtor de barbáries, capaz de produzir uma bomba com poder de grande destruição ou gerar escassez de alimentos e entregar populações à realidade de fome e morte prematura. Logo, é um ser de contradição que consegue conviver entre bombas e flores. Capaz de se tornar mutante na produção de mais vida ou menos vida. Simplesmente mistério! Mistério em estado de aprendizagem em direção da promoção e defesa da vida, mistério em estado de demência em direção à vitimação de toda forma de vida. Condição além-fronteiras da angularidade de compreensão das ciências voltadas para o humano.

Um ser que provoca no outro a necessidade do risco, da desestabilização dos preconceitos, quando se quer mergulhar na condição do humano vivente, do diverso, do diferente, do verdadeiro outro. Condição que não se pode dizer tudo, e que a proximidade conceitual talvez seja a postura mais salutar e prudente.

No entanto, o ser humano como mistério não impossibilita a construção de caminhos de humanização. Isso porque a humanização não pergunta quem é o ser humano, mas como deve ser o ser humano no caminho dos outros. Ele é um mistério em contato com um constante devir. Daí a pergunta: Como humanizar a condição humana?

Em primeiro lugar, é preciso saber que nem todos os seres humanos aceitam a condição humana. Pelo contrário, através de atos conscientes, negam a humanidade e caminhos de humanização.

Em segundo lugar, é preciso saber se o ser humano está perpassado por uma subjetividade aberta, aquela fundada em uma vida de alteridade, isto é, do reconhecimento, aceitação e valorização do outro, como outro, em sua diferença. Nesse sentido, uma subjetividade fechada, ou seja, aquela que coisifica e engessa todo tipo de relação, não gera humanização e relações humanizantes.

Mesmo que o ser humano caminhe no cotidiano entre momentos de subjetividade aberta e fechada, é preciso indicar qual predomina. Pois uma subjetividade fechada não permite caminhos de humanização, adequadamente.

Em terceiro lugar, é preciso desdobrar e concretizar como seria uma subjetividade aberta. Em uma subjetividade que valoriza a alteridade, portanto, a abertura, o caminho da humanização, a subjetividade aberta significa uma vida marcada por um amor plenamente gratuito, amor que procura o outro, independentemente da resposta. Isso implicaria uma independência interior, postura madura, capaz de escolher um caminho de vida sem dependências infantis e infantilizantes. Logo, a abertura à realidade da vida de forma geral e aos outros seres humanos seria uma abertura confiante. Ela implica conhecimento das próprias potencialidades, ao mesmo tempo em que acolhe riquezas advindas de fora, ou seja, a abertura ao outro existente, gera encontros realmente formativos por assumir o que está fora do humano como realidade de constante aprendência.

Por fim, uma subjetividade aberta é cuidadora, atribui aos seres humanos e a outras realidades existentes importância e valor. Dessa postura decorre a vontade de cuidar e condividir, de encontrar-se e compartilhar, de ensinar, aprender e saborear.

3. O JEITO HUMANO DE JESUS

É interessante as várias formas de relacionamento que os cristãos têm com o Filho de Deus feito homem. Para uns, Jesus é um personagem bíblico preso ao Novo Testamento; para outros, uma figura importante que reclama respeito, admiração e devoção; para outros, uma realidade que se pode recorrer quando se tem uma dificuldade ou necessidade; para outros ainda, uma figura divina que está no céu à direita de Deus Pai. E seu lado humano? Jesus de Nazaré? Um Deus-homem, situado na Palestina do século primeiro? Será que o respeito, em relação a sua transcendência, não nos permite falar de sua humanidade e seu jeito de ser como pessoa humana?

Quando se abrem as páginas do Novo Testamento, especificamente, os evangelhos, fica nítido que Jesus foi plenamente uma figura humana, igual a nós em tudo, exceto no pecado. De fato, ele trabalhou com mãos humanas na carpintaria de seu pai José. Conheceu o ofício de carpinteiro, experimentou a fabricação de cadeiras e mesas, coisas comuns àquela profissão.

Foi um ser humano que convidou outros para coisas saborosas presente no cotidiano (Jo 2,1-2). Todavia, transcendia-o, convidando seus seguidores para temas mais amplos acerca de quem é o ser humano, de onde vem, para onde vai e como deve ser na relação com os outros existentes. Portanto, pensava um ser humano aberto, em crescimento constante, e não um simples refém do dia a dia, da tarefa de acordar, alimentar-se, trabalhar e descansar.

Para Jesus, o ser humano devia mergulhar em sua humanidade e descobrir potencialidades muitas vezes atrofiadas no próprio humano. Sua pedagogia definia-se em apaixonadamente investir no humano, pois só a partir de uma verdadeira humanização pode chegar-se ao divino. E esse foi seu projeto desde o início, pois de condição divina ele quis tornar-se um humano (Fl 2,6-11), para que o ser humano pudesse chegar verdadeiramente a Deus e a seu Reino.

Na história humana, Deus enviou seu Filho, fez-se carne e habitou entre nós (Jo 1,14). Como humano, quis dar um sentido à vida humana: a vida em Deus começa a partir dessa história, ou seja, ninguém chega a Deus fugindo da história. É na história e pela história que se chega a Deus. Mas de que forma? Reclamando o histórico de Jesus e praticando-o em nosso dia a dia.

Por uma história a caminho do Reino definitivo, Jesus convidou seus discípulos a amar e praticar o bem em direção aos filhos e filhas de Deus, preferencialmente aos mais pobres e necessitados (Mt 5,1-11; Lc 4,16-19; 6,20).

Por meio de uma vida voltada para o Reino e o Deus do Reino, Jesus convidou homens e mulheres, crianças e jovens a entrarem na edificação de relações mais humanas e solidárias, mostrando assim que o humano pode chegar a Deus, pois Deus, humanizando-se por intermédio de Jesus, possibilitou a divinização do humano. Com isso, Deus mostrou no Filho encarnado qual deve ser o verdadeiro sentido da condição humana: Deus se fez ser humano para que o ser humano, a partir de Jesus, ao assumir sua humanidade a caminho do Reino, torne-se um ser para Deus e em Deus.

Daí a necessidade de um constante retorno à vida de Jesus por parte do cristão hoje. Não como alguém que busca conhecer simplesmente uma biografia, mas como aquele que acredita e pratica o projeto e a causa de Jesus. Projeto e causa que conduzem a Deus e seu Reino. Projeto e causa que revelam em Jesus quem é Deus: um Deus que tão humano abriu e possibilitou nosso ingresso em sua divindade.

Eis o Deus de Jesus. Um Deus que nos convida a seu saber a partir de Jesus e um Deus que nos convida a saboreá-lo a partir de Jesus.

4. ALTERIDADE COM AMOR A DEUS E AO PRÓXIMO

Uma das páginas mais bonitas do Novo Testamento é aquela dedicada ao bom samaritano, conforme aparece em Lc 10,25.37. Para uma devida compreensão, a parábola pode ser assim dividida:

• Lc 10,25.29 – O diálogo de Jesus com um especialista em leis que está fundado em duas perguntas. Primeira: "O que fazer para conseguir a vida eterna?" (Lc 10,25); segunda: "Quem é meu próximo?" (Lc 10,29).

- Lc 10,30-37 – Segue a parábola do bom samaritano.

Tanto na primeira parte quanto na segunda, um dos temas que perpassa a parábola é o tema da alteridade em direção a Deus e ao próximo. Alteridade que, do ponto de vista do evangelho de Lucas, significa amor a Deus e ao próximo de forma operosa, ou seja, quem ama a Deus faz sua vontade e quem ama ao próximo realiza atos de bondade em seu favor.

No caso do amor a Deus e a realização de sua vontade, a parábola do bom samaritano indica que o conhecimento da Lei culmina em uma prática de amor, comumente entendida, hoje, como ligação entre fé e vida. Em Jesus não basta simplesmente conhecer a Lei, mas é preciso horizontalizá-la em forma de misericórdia, de amor operoso, de ajuda ao caído à beira do caminho. Daí a parábola ser uma severa crítica ao especialista em leis, que, fechado no conhecimento delas, não consegue traduzir, em vida e obras, a vontade de Deus sobre o que significa verdadeiramente o amor como mediação para uma plena humanização.

Sobre o amor ao próximo, a parábola mostra que a prática do amor deve acontecer sem medida, antecedendo a pergunta: "Quem é o meu próximo?" Próximo é aquele que se aproxima do caído à beira do caminho, fazendo o bem sem olhar a quem (Lc 10,36-37). Assim, a opção efetivada pelo bom samaritano de tornar-se próximo enfatiza que ele estava movido por um amor ilimitado, ao passo que o sacerdote e o levita moviam-se por uma prática da Lei engessada, devido a sua compreensão do sistema religioso vigente.

Próximo para Jesus não é aquele que se encontra simplesmente caído à beira do caminho (Lc 10,27), mas também aquele em cujo caminho aparece e se coloca para realizar a misericórdia e praticar o amor ao caído.

Para Jesus, o fundamental não é conhecer a Lei, e sim praticar a vontade de Deus que é amor a Ele sobre todas as coisas e, ao mesmo tempo, amor ao próximo. Em outras palavras, além de mostrar o caráter universalista do conceito próximo, Jesus pontualiza que a verdadeira religião, no caminho da salvação, não significa um mero conhecimento da Lei, mais sim a prática do amor humanizador a partir dessa história, orientada em última análise para o Deus do Reino e o Reino de Deus.

5. PARA REFLETIR

1. Qual seu conceito de ser humano?
2. Qual traço da humanidade de Jesus lhe chama a atenção?
3. Como difundir a alteridade como amor a Deus e ao próximo nos dias de hoje?

6. REFERÊNCIAS

MORIN, E. *Os sete saberes necessários à educação do futuro.* Cortez, São Paulo, 2001.

QUEIRUGA, A. T. *Autocompreensão cristã.* Paulinas, São Paulo, 2007.

SOBRINO, J. *Jesus na América Latina.* Loyola/Vozes, São Paulo, 1985.

5

O CRISTÃO E A ESPIRITUALIDADE

A espiritualidade vive da gratuidade e da disponibilidade.

Leonardo Boff

Vivemos na sociedade atual um verdadeiro retorno ao tema da espiritualidade. Ao que parece, as promessas da modernidade em sua aposta pela razão vivem certo cansaço. A cultura moderna, como uma cultura que predominantemente volta a valorizar o religioso independentemente das instituições, retoma o tema da religião. Agora, em uma outra perspectiva, a religião não está sob o monopólio das religiões tradicionais, ela deve ser uma religião mais *"solta"*, na qual o *"retorno ao sagrado"*, muitas vezes, não precisa estar sob a tutela de uma Igreja, e sim vinculada à individualidade e subjetividade das pessoas. É a chamada *"religião privatizada"*. Religião que não necessita das mediações das grandes religiões e Igrejas, ela é uma busca mais pessoal e subjetiva.

Em termos de espiritualidade, o fenômeno há pouco descrito segue o mesmo caminho. Na espiritualidade atual é possível vivenciar uma espiritualidade aproveitando elementos de várias tradições religiosas ao mesmo tempo, sem pertencer necessariamente a uma delas. É como entrar em um supermercado e abastecer o carrinho daquilo que achamos importante sem seguir uma lista predeterminada por outros.

Assim aparece em muitos setores da vida atual a espiritualidade em sua concepção mais autônoma e *"solta"*. Ela, na verdade, é uma construção a partir da pessoa e para a pessoa. Dependendo do ser humano, ela pode ficar na esfera do privado ou estender-se para o plano do coletivo e da solidariedade na história. É uma questão de escola pessoal. Não que isso seja ruim em essência, o problema é pensar na relação espiritualidade e vida, quando alguns temas vitais da existência humana reclamam uma maior atenção, tais como: defesa do meio ambiente, solidariedade para com os que passam fome, promoção da biodiversidade e outros. Aqui cabe a pergunta: como uma espiritualidade mais *"solta"* reagirá? Ela responderá aos apelos e às necessidades de solidariedade ou se fechará a tudo e a todos? Eis o problema: passar da valorização ao subjetivo, à alteridade.

Com essas afirmações, não pretendemos dizer que a espiritualidade das Igrejas sempre esteve voltada para o outro, para uma absoluta alteridade. Como sabemos, foram muitos os momentos em que dentro do cristianismo e fora dele a espiritualidade foi mal-interpretada e pior usada a serviço de interesses escusos.

Todavia, o foco central do capítulo é a nucleação de uma espiritualidade pertinente para o tempo atual. Para essa empresa, cabe uma pergunta antes de qualquer sistematicidade proposta: o que é espiritualidade?

Corriqueiramente, a expressão espiritualidade designa *"espírito"*, o que, portanto, indica que toda vez que alguém faz algo, faz com espírito. Logo, todo ser humano está dosado de espiritualidade.

Entretanto, como postularemos mais tarde e em sintonia com D. Pedro Casaldáliga e José Maria Vigil, essa definição torna a palavra espiritualidade uma palavra infeliz. Matizada por uma profunda cultura grega dualista e dicotômica, que divide céu e inferno, bem e mal, alegria e tristeza, mar e terra, a palavra espiritualidade, ao entrar nessa cosmovisão, também sofre esse efeito maléfico. Sim, pois, espiritualidade no senso comum orienta para uma profunda divisão entre espírito e matéria.

Essa infelicidade em torno da palavra não se deve somente a influência da cultura grega entre nós, mas na situação atual ela deve-se também a uma distorcida vinculação entre espiritualidade e dinheiro.

Em termos financeiros, a espiritualidade virou um bom negócio. Exemplo disso é só olharmos nas livrarias na seção de autoajuda onde a grande maioria das obras destina-se a temas de espiritualidade e sucesso no poder aquisitivo.

Do ponto de vista cristão, instaura-se aqui um grande problema: Como pensar a espiritualidade a serviço da vida e não a serviço de interesses escusos? Afinal, em uma perspectiva cristã, como entender a espiritualidade?

1. A ESPIRITUALIDADE CRISTÃ

A espiritualidade cristã não aceita a influência da cultura grega sobre o termo. Nela, a forte oposição entre matéria e espírito é inaceitável, isso porque espírito não se opõe à matéria e vice-versa. A espiritualidade cristã acontece na vida, na cotidianidade dos filhos e filhas de Deus. Mesmo entendendo o ser humano como dual, espírito-corpo, ela não está submissa às concepções da cultura grega.

Na espiritualidade cristã não seguimos nosso próprio espírito como uma espécie de espiritualidade autônoma, mas seguimos uma realidade maior que nós mesmos: seguimos e deixamo-nos guiar pelo próprio Espírito de Deus. Portanto, sem pretender ser a melhor entre muitas, a espiritualidade cristã define-se a partir de um encontro entre Deus e o ser humano e o humano com Deus, condicionando o agir humano em sintonia com o Espírito de Deus.

A priori da espiritualidade vem a mística. De que maneira? A abertura do humano em direção a Deus é fundamental para que a mística aconteça, ou seja, pela mística, Deus fala ao coração humano e o humano sente-se envolvido pelo mistério de Deus. Mística significa um profundo encontro do humano com o mistério de Deus.

É dessa realidade que nasce a espiritualidade. Se na mística o mistério de Deus fala ao humano, na espiritualidade o humano fala e age no mundo a partir de Deus.

A partir da espiritualidade cristã, o espírito da pessoa ou até mesmo de um grupo, uma vez relacionado com o Espírito de Deus que se antecipa a toda realidade humana, leva-nos para uma outra realidade da existência espiritual; uma vida de espiritualidade significa abertura a Deus e deixar-se guiar pela vida à luz do Espírito de Deus. Em termos de ação prática, significa praticar Deus na vida a partir da vida de Deus.

Em termos mais cristólogicos, espiritualidade cristã, em sentido macro, indica uma vida deixando-se guiar pelo espírito de Jesus. De forma bem simples, se tivéssemos que falar de espiritualidade para crianças, diríamos que espiritualidade é deixar Jesus nos tomar pelas mãos e nos conduzir para a realização de coisas boas, assim como ele realizou.

Nesse sentido, a espiritualidade cristã provoca mudanças na interioridade e exterioridade do ser humano. Provoca uma verdadeira *metanoia* – conversão – na direção do Deus de Jesus e na forma de relacionar-se com o mundo. Diante do Deus de Jesus, surge uma abertura incondicional, uma sede permanente pelo encontro com o divino. Diante do mundo, surge uma práxis autenticamente cristã, que busca incessantemente a construção de uma sociedade mais justa e solidária, a partir do que disse e fez Jesus, agora traduzida para nosso tempo.

2. A ESPIRITUALIDADE DE JESUS

Espiritualidade de Jesus de Nazaré pode ser exprimida em dois níveis:

Sua intimidade com o Pai

Além de chamar Deus Pai carinhosamente de papaizinho – *"Abba"* – e de mostrá-lo em uma perspectiva compassivo, acolhedor e festivo, como aparece no capítulo quinze do evangelho de Lucas, a intimidade de Jesus com seu Pai aparece sobretudo nos momentos de oração (Lc 3,21).

De fato, a oração expressa a relação de intimidade de Jesus com Deus Pai. Em outras duas passagens dos sinóticos, essa intimidade aparece claramente: Na primeira, na dialética ação de graças e anúncio do Reino aos pequeninos: *"Eu te louvo, ó Pai, Senhor do céu e da terra, porque ocultaste estas coisas aos sábios e doutores e a revelaste aos pequeninos"* (Mt 11,25).

E na segunda, na dialética do sofrimento de morte e entrega de seu "eu": *"Pai, em tuas mãos entrego o meu espírito"* (Lc 23,46).

Seu envolvimento histórico-escatológico

A espiritualidade de Jesus não vislumbrou somente uma experiência mística, ela se traduziu concretamente para o cenário histórico de seu tempo. Na Palestina do século primeiro, Jesus pregou e parcializou historicamente o Reino (Mc 1,15).

Um Reino como boa notícia para os pobres (Mt 5,1-12). Reino que além dos pobres é dirigido a todos como um convite à defesa da vida de forma geral (Jo 10,10). Com certeza, um Reino que não está em outro mundo, mas é este mundo sendo transformado em outro.

Essa foi a forma de Jesus efetivar sua espiritualidade. Uma espiritualidade consciente e reveladora de uma visão de Deus, na qual o Criador preocupara-se com a vida concreta das pessoas. Independentemente de religião, raça ou cor, a espiritualidade de Jesus apresenta um Deus atento à vida digna antes da morte e não um Deus somente para a pós-morte.

Com certeza, no envolvimento histórico-escatológico de Jesus, sua espiritualidade obedece dois movimentos: primeiro, se por um lado, sua práxis em última análise orienta-se para o Reino de Deus e o Deus do Reino, por outro lado, seu movimento histórico-escatológico está fundado em um profundo olhar teologal sobre o histórico.

3. ESPIRITUALIDADE CRISTÃ LIBERTADORA E ESPIRITUALIDADE CRISTÃ PARA UM CENÁRIO PLURAL

Por questões metodológicas vamos abordá-las separadamente.

Espiritualidade cristã libertadora

Entende-se por espiritualidade libertadora aquela espiritualidade que segue os ensinamentos da teologia da libertação, e em termos de uma cristologia da libertação significa um agir de fé à luz do espírito de Jesus efetivando no palco histórico uma verdadeira opção evangélica pelos pobres.

Portanto, na relação existente entre espiritualidade e libertação, o seguimento e o prosseguimento da causa de Jesus colocam-se como uma questão vital.

A questão do seguimento a Jesus, no deslanchar da vida cristã, é uma das exigências para compreender a própria essência do cristianismo. Isso porque o seguimento a Jesus, além de recuperar aquilo que significou Jesus de Nazaré, sua vida, missão e destino para os cristãos, evoca também a necessidade de uma ortopráxis acerca de Jesus, devidamente inculturada para nosso tempo, no intuito de se dar continuidade a seu entendimento e prosseguimento.

O seguimento torna-se uma maneira eficaz de se viver o cristianismo, pois, além de recuperar Jesus histórico como caminho de acesso a Cristo, estabelece substancialmente a necessidade de realizá-lo enquanto práxis.

Indiscutivelmente, seguimento significa querer conhecer Jesus, sua vida, missão e destino, e em termos de seguimento-prosseguimento, seguimento significa prosseguir sua causa.

Em nossos dias o prosseguimento de Jesus com Espírito torna-se o fundamento central para situar e entender corretamente a espiritualidade cristã.

Para efetivamente concretizar a espiritualidade cristã libertadora no seio do continente latino-americano, propomos os seguintes passos:

1º passo: Considerar a realidade latino-americana como uma realidade de contradições, muitas vezes ao avesso da oração do Pai-nosso.

2º passo: Frente a essa realidade, renunciar qualquer postura de indiferentismo, mas provocar uma leitura teologal dessa mesma realidade.

3º passo: Efetivar à luz da fé uma práxis com o objetivo de lutar contra toda pobreza e exclusão, contra toda forma de vitimação da vida, contra toda forma de desrespeito ao diferente e contra toda forma de negação de Deus como o Deus da vida.

4º passo: Procurar realizar essa prática de forma individual e comunitariamente, buscando criteriosamente discernir pessoas e organismos que possam ajudar nessa ação.

5º passo: Não esquecer de sempre se alimentar da fonte, da mola propulsora de toda esta práxis: Jesus Cristo.

Espiritualidade cristã para um cenário plural

A espiritualidade cristã não pode esquivar-se do pluralismo atual. Jesus em hipótese alguma pode ser posto como fundamento para essa realidade, pelo contrário, seu caminhar histórico contemplou e valorizou o pluralismo (Lc 10,25-37; Jo 4,4-26). Como judeu, não negou o afeto e o respeito ao samaritano, ao galileu e outros. Em seu tempo, defendeu uma prática religiosa em que a verdadeira religião não é opressora, mas defensora e promovedora da vida. Sua espiritualidade incluía o encontro e o respeito com outras manifestações religiosas diversa da sua. De fato, em sua experiência mística, encontrou um Deus Pai acolhedor e terno. Um Deus que ama independentemente da condição religiosa e social, mesmo voltando-se preferencialmente para os mais pobres, esse Deus não faz acepção de pessoas. Tudo isso se traduziu em sua espiritualidade, em uma forma acolhedora e aconchegante de se relacionar com o outro.

Para Jesus, a espiritualidade tem a função de ajudar o ser humano no longo caminho da vida, ela visa tornar o ser humano mais humano/divino. Se a espiritualidade desconhece o outro e os outros existentes, ela não significa agir a partir do Espírito Deus. Daí sua intimidade com Deus Pai e seu interesse pela vida de forma geral.

No cenário atual, temos de trabalhar e aceitar a ideia de outras formas de agir a partir do Espírito de Deus. Vários caminhos levam a Deus e, portanto, eles não podem ser determinados somente pelas doutrinas e normas religiosas de uma ou outra religião.

Em termos práticos, quais são os elementos que a espiritualidade em tempos de pluralismo não pode perder em seu desabrochar histórico, se quer ser uma espiritualidade verdadeiramente séria? Vamos a alguns elementos:

1º elemento: A oração universal

Na oração e na escuta contemplativa de Deus, as pessoas encontrarão condições para enxergar e visualizar os verdadeiros problemas que afetam o ser humano atual. Daí, a possibilidade de criarmos casas de oração comum e centros de espiritualidade plurais. Nesses espaços, a oração dos diferentes e a oração comum podem levar-nos a contemplar, a partir da pluralidade, a necessidade de construirmos uma sociedade, desde o micro ao macro, em torno da não violência ativa e da cultura da paz.

2º elemento: O diálogo para o anúncio

Por meio do diálogo podemos reconhecer o outro como outro.

Portanto, sem o diálogo não podemos anunciar nossas singularidades de fé. O anúncio é uma consequência dessa realidade e não a força motriz. Daí, a importância em criarmos espaços e momentos de troca de experiências e *aprendências* sobre o grande mistério de Deus e suas várias interpretações.

3º elemento: A afirmação da vida

O diálogo não visa simplesmente um conhecimento e enriquecimento das religiões, ele deve direcioná-los para a vida. Daí a necessidade de resgatarmos a função pública das religiões e das pessoas religiosas. A defesa da biodiversidade coloca-se aqui como situação focal na relação horizontes práticos da espiritualidade e vida.

Nesse aspecto, qualquer espaço gerador de novas alternativas, no intuito de defender e promover a vida, é válido. De fato, ou cuidamos da biodiversidade, ou colocamos o planeta em uma triste e difícil complexibilidade existencial.

4º elemento: A defesa do pobre

O grito em defesa do planeta deve ecoar na direção da defesa dos pobres. De fato, eles são as principais vítimas das chamadas sociedades democráticas e não democráticas atualmente.

A espiritualidade não pode passar à mercê da vitimação que vêm sofrendo os pobres. Sem um olhar carinhoso para o pobre e uma devida luta contra a pobreza, a defesa de uma espiritualidade pluralista, não poderá sistematizar seus temas seriamente.

4. PARA REFLETIR

1. Como entendo a questão da espiritualidade?
2. Como prosseguir a causa de Jesus hoje?
3. O que fundamenta a relação espiritualidade e libertação?

5. REFERÊNCIAS

CASALDÁLIGA, P. & VIGIL, J. M. *Espiritualidade da libertação.* Vozes, São Paulo, 1993.

CASALDÁLIGA, P. *Nossa espiritualidade.* Paulus, São Paulo, 1998.

GUITIÉRREZ, G. *Beber no próprio poço.* Petrópolis, Vozes, 1987.

6

O CRISTÃO E O PLURALISMO RELIGIOSO

> *Uma religião é verdadeira e boa
> à medida que não oprime
> nem destrói a humanidade;
> pelo contrário, protege-a e promove-a.*
>
> Huns Kung

Habitualmente, em muitos setores teológicos e eclesiais, o tema do pluralismo religioso é apresentado em sua relação com o cristianismo e outras religiões, decorrendo daí a necessidade de um diálogo inter-religioso. No interno do cristianismo, fala-se muitas vezes somente de ecumenismo, ou seja, do diálogo entre as diversas denominações cristãs, no entanto, precisamos recuperar o conceito que o pluralismo religioso reclama para si. Ele está presente tanto na dinâmica interna das religiões não cristãs, termo um tanto pejorativo, quanto no interno do cristianismo.

O pluralismo religioso não pode ser confundido simplesmente como pluralidade de religiões, isso porque o fato de existirem religiões não indica necessariamente que no interno de cada uma é possível pensar a questão religiosa de forma plural. É conhecido o controle ditatorial no interno de várias religiões acerca do pluralismo religioso. Pluralidade de religiões indica a existência de multiplicidade de religiões.

Sobre o pluralismo religioso faz-se importante retornarmos ao conceito originário de religião como uma realidade humana no desejo de se ligar e religar ao grande mistério de Deus. Religião é conquista humana, institucionalização na forma de sistematizar historicamente uma crença. Logo, a pluralidade das religiões é uma situação inevitável e sua legitimidade social é decorrência dessa articulação de enquadrar o religioso.

No caso do pluralismo religioso, ele está mais vinculado ao campo da religiosidade, como forma de explicitar racionalmente e por meio de uma práxis a sede humana pelo infinito, pelo divino, por Deus. Então, o pluralismo não é mais uma religião entre tantas, ele é, antes de tudo, uma maneira de ser religiosamente no interno e externo de qualquer religião. Ele não é uma forma anárquica e contestatória em essência. É um caminho de ligação entre o ser humano e o divino, muitas vezes em profunda sintonia com o credo religioso, outras não. É uma forma de expressar o religioso dentro do processo histórico-religioso.

1. SER CRISTÃO HOJE

Na comunidade primitiva, mais especificamente em Antioquia, foi a primeira vez que os discípulos receberam o nome de cristãos (At 11,26). Logo, cristão designa o seguidor de Cristo.

Esse termo consolidou-se ao longo da história, e hoje é impossível desvincular cristão de Cristo. Todavia, nosso embate aponta para uma outra realidade, ou seja, como ser cristão hoje, em um mundo marcado por rápidas e profundas mudanças como nos diz o Concílio Vaticano II e, o principal objetivo desse tópico, como ser cristão em um mundo de pluralismo religioso exacerbado.

Os tempos mudaram e agora os cristãos precisam recolocar-se no mundo presente, a partir de uma nova cosmovisão religiosa. Aquela postura de pensar o planeta dividido entre cristãos e os outros agora precisa ceder lugar para uma nova alteridade; o mundo está marcado por uma diversidade e riquezas de religiões. Como cristãos, estamos no mundo, esta é uma verdade que não podemos renunciar sob acusação de sermos unitaristas, absolutistas e excludentes. Logo, ou caminhamos para esta nova alteridade, ou caminhamos para o isolamento e o ostracismo real.

Se os cristãos não redimensionarem seu ser no mundo de uma forma mais aberta aos novos sinais dos tempos, eles estarão fadados a um declínio numérico e qualitativo, como nunca se viu em toda a história.

Sem perder sua singularidade própria, o cristianismo precisa abrir-se às perguntas e demandas do ser humano de hoje. Isso requer uma interpretação da nova subjetividade humana em seus vários níveis de busca de sentido e infinito.

Esse caminho de compreensão do humano deve ser pensado em rede. Ele reivindica, além do diálogo com as ciências que se ocupam do ser humano e sua vida global, uma ação de comunitariedade e parceria entre as religiões.

Em termos de diálogo, um diálogo que não visa à possibilidade do anúncio de Jesus Cristo, nem à apresentação da verdade cristã como única. O diálogo que postulamos fundamenta-se com uma postura de um diálogo respeitador e aprendente. Sim, respeitador porque não quer negar a verdade e a forma própria de ser do outro; aprendente porque, na história, o ser cristão não é uma realidade pronta e acabada. Sem perder o que é essencial e singular, o cristão pode incorporar valores em seu interno quando pensamos seu diálogo na interioridade das denominações cristãs e de outras religiões não cristãs, sem deixar de ser cristão.

Assim, por meio do diálogo respeitador e aprendente, podemos caminhar rumo a uma relacionalidade religiosa para além das diferenças religiosas, doutrinais, litúrgicas. O diálogo pode potencializar as religiões a observar temas mais urgentes, tais como: história, afirmação da vida e opção pelos pobres.

2. PLURALISMO RELIGIOSO: CONCEITO, HISTÓRIA E TIPOS

Embora a expressão pluralismo religioso indique várias interpretações, optaremos por aquela que entendemos mais satisfatória para nosso intento.

Por pluralismo religioso defendemos a existência de um processo religioso em que os atores religiosos constroem continuamente sua relação com o divino. Portanto, o pluralismo aqui está para além da concepção de pluralidade de religiões que sugere o reconhecimento da diversidade de religiões.

A pluralidade das religiões nem sempre congrega a possibilidade de pluralismo religioso. Exemplo dessa realidade seria pensar, no interno de uma dada religião, a ditadura do unitarismo religioso. O pluralismo religioso vai além, ele concebe, no interno e no externo das religiões, a valorização e o respeito na forma como o outro relaciona-se, liga-se ao transcendente. É a descoberta da alteridade como valor supremo, como busca incessante pelo além físico.

No pluralismo religioso, temas como riqueza das diversidades religiosas, hospitalidade com o diferente, encontro e diálogo entre as religiões tornam-se uma situação necessária e eficaz de novas aprendências do universo inter-religioso.

Sem querer ser eclético e sincrético, o pluralismo religioso sugere a legitimidade do diverso, do diferente e do plural. Portanto, em última análise, o pluralismo religioso questiona o monopólio de religiões absolutistas quando o assunto é transcendência. Não que pluralismo religioso e religiões estejam em uma arena de luta onde somente um sairá vivo. A questão é outra: É pensar o pluralismo religioso como parte inerente do homem de fé e das religiões.

Modernidade e pluralismo religioso

Nem sempre esta leitura positiva do pluralismo religioso foi bem-aceita e incorporada como valor pelas Igrejas.

A Igreja Católica Apostólica Romana, sentindo-se guardiã das *"chaves"* da salvação, foi sem dúvida uma das grandes dificultadoras para o aparecimento de um pluralismo religioso como há pouco nucleamos. Na verdade, se tomarmos a modernidade como advento da antítese da escolástica, período em que religião foi sinal de cristianismo e cristianismo foi sinal de Igreja Católica, observaremos em muitos aspectos que o pluralismo na modernidade foi fruto da ruptura do ser humano moderno com a chamada tradição religiosa.

É claro que a modernidade não pode ser entregue a uma compreensão meramente religiosa, ela é somente uma angularidade de compreensibilidade, uma janela para *ad entrarmos* em um tema tão vasto e complexo.

Uma explanação mais consistente ao tema modernidade sugeriria uma melhor explicitação dos elementos marcantes da sociedade tradicional, que tinha na tradição um meio mais eficaz de lidar com o tempo e o espaço. Com a chegada da sociedade moderna que dissolveu as relações da sociedade anterior, entramos em uma época que *"tudo que é sólido se desmancha no ar"*.

De fato, mudanças ocorridas na modernidade, tais com: surgimento do racionalismo moderno, substituição da teoria geocêntrica pela heliocêntrica, nascimento do capitalismo moderno, nascimento da ciência experimental e crescimento da secularização, colocaram em dúvida os pilares que sustentavam a Idade Média.

No campo religioso, o homem moderno decretou o fim da ditadura do catolicismo romano. Deus foi colocado de lado para que surgisse um novo artífice do processo histórico: o ser humano. A religião é relegada ao campo do subjetivo, da escolha pessoal. A força das instituições religiosas cede lugar à vontade do humano em mergulhar em si e no mundo, avançar em direção a um novo humanismo e a uma devida secularidade. Agora, o humano e sua capacidade de conhecer e pensar estão no centro do universo, e não Deus.

Para a modernidade, a força motriz das relações históricas não está centrada no sistema religioso implantado pela teologia católica. Ela centra-se no ser humano como protagonista. A ele foi entregue a capacidade de reordenar o universo.

O pluralismo torna-se, nesse período, um tema central da modernidade. Em todos os segmentos da vida humana, ele se faz presente e, mesmo no interno das mais variadas realidades, não fica ausente.

Ora, o pluralismo religioso é fruto dessa pluralidade que encontramos na sociedade moderna. Não é possível pensar uma postura religiosa única no quadro das sociedades modernas. Como abordamos anteriormente, religião sem pluralismo religioso pode ser sintoma de ditadura de uma ou mais religiões, ou seja, existência de religião sem valorização do plural.

Na verdade, o pluralismo religioso representa um caminho sem volta. Seria inimaginável pensar a sociedade futura a partir de um unitarismo religioso.

Tipologias de pluralismo religioso

Uma forma universalmente aceita de tipificarmos o pluralismo religioso existente entre as religiões é o seguinte: exclusivismo, inclusivismo e pluralismo.

Exclusivismo

Do ponto de vista histórico, essa posição encontra sua expressão maior no axioma *Extra Ecclesiam Nulla Salus* (fora da Igreja, não há salvação). Essa expressão foi formulada por Orígenes em 254 d.C. e difundida por vários séculos na Igreja católica. Para alguns teólogos, somente com o Concílio Vaticano II em 1962-1965, essa posição foi seriamente combatida.

Teologicamente o exclusivismo está centrado em duas vertentes: na primeira vertente aparece a ideia de que somente uma religião é verdadeira, que no caso dos cristãos católicos, somente a Igreja católica é a verdadeira, o que, portanto, não é possível pensar a salvação em outras religiões. Podemos chamar essa vertente também de eclesiocêntrica. E, na segunda vertente, aparece a ideia de um cristocentrismo, no qual Cristo é considerado o único salvador da humanidade, o que significa pensar que não existe salvação fora de Cristo.

O exclusivismo foi e é frontalmente combatido nos meios teológicos atuais, por não incorporar em suas racionalidades a liberdade religiosa.

Inclusivismo

Historicamente essa postura aparece mais a partir do Concílio Vaticano II, na segunda metade do século XX. Teologicamente o inclusivismo acredita em nas outras religiões possam existir elementos de verdade e salvação. No entanto, esses elementos aparecem de forma deficiente e imperfeita. Para o inclusivismo, a verdade e a salvação plenamente passam por Jesus Cristo. Logo, a salvação em outras religiões só acontece porque Cristo alcança a salvação para os vários cristãos e não cristãos. Foi nesse clima que o teólogo Karl Ranher criou a teoria do *"cristão-anônimo"*, que consiste em afirmar que adeptos de outras religiões e não crentes honestos, diante do amor universal de Deus, são cristãos-anônimos.

O inclusivismo é duramente criticado em muitos ambientes teológicos por negar as verdades religiosas do outro e por desrespeitá-los, na maneira de forçar uma centralização salvífica somente a partir do Deus cristão.

Pluralismo

Tendência bastante difundida em nossos dias, o pluralismo promove uma verdadeira *"revolução copernicana na teologia"*. Ele pressupõe que a teologia cristã utiliza uma ótica plural para entender e dialogar com a sociedade moderna, a pluralidade das religiões e o pluralismo religioso.

Teologicamente opõe-se ao exclusivismo e ao inclusivismo por considerá-los uma maneira perversa de colonialismo religioso.

Para o pluralismo, as religiões devem ser consideradas em uma relação de igualdade. Não é possível estabelecer uma hierarquia das religiões mais e menos importantes.

A preocupação central aqui não gira em torno de um eclesiocentrismo e um cristocentrismo, mas o centro é o teocentrismo. As religiões giram em torno de Deus, assim como os planetas giram em torno do sol.

No pluralismo, Deus ocupa o centro e não Jesus. Isso permite pensar que Deus se revelou de diversas maneiras aos povos e às culturas, e que cada tradição religiosa interpretou a seu modo essa automanifestação.

Do ponto de vista da teologia cristã, abre-se um questionamento ao pluralismo: como pensar um teocentrismo fora do horizonte cristocêntrico? Como pensar o evento cristológico no âmbito do pluralismo?

3. JESUS E O PLURALISMO RELIGIOSO

O fundamento básico que orientou a postura histórico--escatológica de Jesus foi seu amor-serviço ao Reino de Deus e ao Deus do Reino. Todavia, a forma como Ele parcializou escandalosamente o Reino e Deus, em meio à humanidade, orientou-se fortemente para um inquestionável amor-serviço ao próximo, elemento fontal, lugar desde onde a operacionalidade do amor se concretizava em termos humanos. E por uma questão de justiça a própria práxis de Jesus, esse próximo mais próximo, eram os pobres.

Jesus simplesmente desconstrói as convenções sociais de tempo. De forma nenhuma aceita a divisão de classes. Ele fala com todos, principalmente com os empobrecidos. É assim que Ele se dirige às prostitutas (Lc 7,37-38), acolhe os gentios (Mt 7,24-30) e aceita que as mulheres o acompanhem (Lc 8,1-3). Sem dúvida são posturas nada convencionais para sua época, quando se entende Jesus como um judeu.

No plano religioso, a ousadia de Jesus segue o mesmo filão. Diante de um forte nacionalismo reinante em muitos ambientes, Jesus caminha na contramão do exclusivismo religioso de seu tempo. Exemplo dessa afirmação encontra-se em várias passagens envolvendo judeus e samaritanos.

Os samaritanos eram totalmente desprezados e menosprezados pelos judeus que os consideravam impuros e hereges. Para os judeus do período do segundo templo, ser colocado no mesmo patamar que os samaritanos representava um grave insulto (Jo 8,48).

Em nome do amor ao próximo, do respeito à vida e de um acesso plural ao Reino de Deus e ao Deus do Reino, Jesus rompe com essa lógica conflitiva entre samaritanos e judeus. É muito significativa uma das passagens em que Jesus realiza isso:

> Era preciso passar pela Samaria. Chegou, então, a uma cidade da Samaria, chamada Sicar, perto da região que Jacó tinha dado a seu filho José. Ali se achava a fonte de Jacó. Fatigado da caminhada, Jesus sentou-se junto à fonte. Era por volta da hora sexta.
>
> Uma mulher da Samaria chegou para ir tirar água. Jesus lhe disse: "Dá-me de beber!" Seus discípulos tinham ido à cidade comprar alimento.
>
> Diz-lhe então à samaritana: "Como sendo judeu, tu me pedes de beber, a mim que sou samaritana?" (Os judeus, com efeito, não se dão com os samaritanos.) Jesus respondeu: "Se conhecesses o dom de Deus e quem é que diz 'dá-me de beber, tu és que lhe pedirias e ele te daria água viva!" Ela lhe disse: "Senhor, nem sequer tens uma vasilha e o poço é profundo; de onde, pois, tiras essa água viva? És, por ventura, maior que nosso pai Jacó, que nos deu este poço, do qual ele mesmo bebeu, assim como seus filhos e seus animais? E Jesus lhe respondeu: "Aquele que bebe desta água terá sede novamente, mas quem beber da água que eu lhe darei, nunca mais terá sede. Pois a água que eu der tornar-se-á nele uma fonte de água jorrando para a vida eterna".
>
> Disse-lhe a mulher: "Senhor, dá-me dessa água, para que eu não tenha mais sede, nem tenha de vir mais aqui para tirá-la" (Jo 4,4-15).

Outra passagem importante é a que segue:

> E eis que um legista se levantou e disse para experimentá-lo: "Mestre, que farei para herdar a vida eterna?" Ele disse: "Como está escrito na Lei ?" Como lês? Ele então respondeu: "Amarás o senhor teu Deus, de todo o teu coração, de toda a tua alma, com

toda a tua força e de todo o teu entendimento; e teu próximo como a ti mesmo". Jesus disse: "Respondestes corretamente; faze isso e viverás". Ele, porém, querendo se justificar, disse a Jesus: "E quem é o meu próximo?" Jesus retomou: "Um homem descia de Jerusalém para Jericó e caiu no meio de assaltantes que, após havê-lo despojado e espancado, foram-se, deixando-o semimorto. Casualmente, descia por esse caminho um sacerdote, viu-o e passou adiante. Igualmente um levita, atravessando esse lugar, viu-o e prosseguiu. Certo samaritano em viagem, porém, chegou junto dele, viu-o e moveu-se de compaixão. Aproximou-se, cuidou de suas chagas, derramando óleo e vinho, depois colocou-o em seu próprio animal, conduziu-o à hospedaria e dispensou-lhe cuidados. No dia seguinte, tirou dois denários e deu-os ao hospedeiro, dizendo: 'Cuida dele, e o que gastares a mais, em meu regresso te pagarei'. Qual dos três, em tua opinião, foi o próximo do homem que caiu nas mãos dos assaltantes?'" Ele respondeu: "Aquele que usou de misericórdia para com ele". Jesus então lhe disse: "Vai e também tu faze o mesmo" (Lc 10,25-35).

É interessante como Jesus atravessa a Samaria e promove um diálogo inter-religioso com a samaritana (Jo 4,4-15). Interessante também é sua forma de apresentar o samaritano como exemplo de ser humano (Lc 10,25-37).

Jesus não vê Deus encerrado, engessado e enquadrado no templo e, menos ainda, em um sistema religioso unitarista, de cumprimento cego e exato dos ritos e normas judaicas. Ele abre horizontes novos para pensar e praticar Deus; Deus está na história, no diverso e no plural. Na verdade, o Deus de Jesus está para além das religiões, ou seja, se a religião é esse caminho que um ser humano concreto, determinado historicamente, faz em direção a Deus, mesmo assim Deus está além desse caminho e, como uma espécie de realidade paradoxal, Deus está no caminho manifestando-se como amor-compaixão na forma de o samaritano praticá-lo.

Para finalizar, vamos destacar outros aspectos que nos ajudam a salientar Jesus e o pluralismo religioso nas duas passagens bíblicas há pouco citadas:

1º Aspecto: Para Jesus, o objetivo maior de uma postura religiosa e uma religião não é sua absolutização como início e fim em si mesma, mas sua orientação para Deus.

2º Aspecto: Deus não pode ser compreendido a partir de uma única postura e angularidade religiosa. Deus é mais que nossas visões de Deus.

3º Aspecto: Se a religião é um caminho de acesso a Deus, esse caminho não pertence a uma única pessoa ou grupo.

4º Aspecto: A partir da práxis de Jesus, nenhuma religião é verdadeira se passar à mercê do humano e da vida de forma geral.

5º Aspecto: Deus se dá a conhecer nos embates e nas dramaticidades da cotidianidade.

6º Aspecto: Deus em Jesus é aquele que socorre a todos principalmente os caídos e os mais pobres.

7º Aspecto: O Deus de Jesus está para além das controvérsias religiosas. É um Deus que salva a partir da vida, do diferente e do plural.

8º Aspecto: O Deus de Jesus é um Deus amor.

4. PARA REFLETIR

1. Como ser cristão hoje?
2. Qual é sua postura sobre pluralismo religioso?

3. Há outros textos bíblicos que ajudam a entender o tema do pluralismo religioso? Quais?

5. REFERÊNCIAS

TEIXEIRA, F. *Teologia das religiões*. São Paulo: Paulinas, 1985.
SANCHEZ, W. L. *Pluralismo religioso*. Paulinas, São Paulo, 2005.
VIGIL, J. M. *Teologia do pluralismo religioso.* São Paulo: Paulus, 2006.

7

SER IGREJA HOJE

*Já não podemos continuar sendo
os mesmos num mundo
que não é mais o mesmo.*

Agenor Brighenti

Na Idade Média ocidental, o termo Igreja era sinônimo de Igreja Católica Apostólica Romana. E ai daqueles que pensassem o contrário. Já na modernidade, com a pluralidade das religiões, todas as vezes que usamos o termo Igreja temos de indicar que Igreja se trata. Do contrário, vem a pergunta: de qual Igreja se está falando? Portanto, o texto que segue é uma leitura evolutivo-crítica na forma como a instituição Igreja Católica Apostólica Romana relacionou-se e deve relacionar-se com a sociedade atual. Uma sociedade profundamente plural em todos os níveis.

Porém, antes de entrarmos no foco central do capítulo, uma questão se coloca: O que significa Igreja?

O termo Igreja deriva do grego *ekklesia*, que significa "convocação" ou "assembleia reunida", que em termos mais simplificados pode ser definido assim: assembleia do povo diante de Deus.

Como podemos notar, ao definirmos Igreja, o peso dado a ela como instituição hierárquica, conforme aparece posteriormente na história, não era uma questão intrínseca da Igreja em seus primórdios. Não queremos negar com isso o valor institucional da Igreja. Sabemos que nenhuma comunidade humana subsiste sem um mínimo de institucionalidade.

Na verdade, a Igreja, mais como instituição, surge a partir da virada constantiniana do início do século IV, quando o cristianismo se tornou a religião oficial do império. É a Igreja Católica Apostólica Romana, para além de uma simples comunidade reunida pela convocação de Deus. Agora subsiste uma organizacionalidade e uma centralidade burocrática.

Sem dúvida, no período da cristandade, que se estendeu do século IV ao século XIX e meados do século XX, deslocou-se do evangelho como centro, para filiar-se ao poder político como grande referência. A cristandadade representou uma indevida junção entre Igreja Instituição e poder político dominante.

Na Europa, essa Igreja Instituição afirmou, por meio do Concílio de Florença, no ano de 1452, que, fora da Igreja Católica Apostólica Romana, não há salvação (*Extra Ecclesiam nulla salus*).

No caso da América Latina, a missão desencadeada a partir do chamado "descobrimento" do século XV representou também, em muitos ambientes, um verdadeiro colonialismo político e religioso.

De fato, foi um período horrível na história da Igreja Instituição nas Américas. Muitos oposicionistas levantaram-se contra essa investidura da Igreja. Muitos no interno e no externo do ambiente eclesiástico ergueram-se contra essas posturas colonialistas. Todavia, em sua grande maioria não foram considerados e ouvidos. Alguns foram até calados.

Por trás dessas tomadas de posição da Igreja, estava uma solidificada teologia da missão atrelada ao poder do império. Era preciso expandir o reino da Igreja e, consequentemente, o poder do império, levando assim o *"evangelho"* e o império até os confins da terra.

Logo, podemos afirmar que, em nossa gênese eclesial latino-americana, a realidade da Igreja como instituição está fortemente presente. Todavia, faz-se importante afirmar que a mensagem de Cristo não foi olvidada no Novo Continente.

Com certeza, a Igreja Instituição, como poder dominador, não inibiu o nascimento de uma Igreja institucionalmente mais povo, mais índia e, por assim dizer, mais inculturada neste continente. Aqui cresceu também um cristianismo sintonizado com o projeto de Deus, em conformidade com a Igreja de Jesus Cristo. Em inúmeros lugares, pessoas e culturas acolheram a essência do evangelho em seu real propósito. Dessa realidade, nasceram comunidades e grupos religiosos no intuito de seguir a fé e se tornarem discípulos de Jesus, verdadeiramente cristãos. Portanto, não se pode falar nas Américas somente de um colonialismo religioso. Aqui também surgiu um cristianismo continuador do movimento de Jesus, comunitário e essencial do ponto de vista evangélico.

1. POR UMA NOVA AÇÃO EVANGELIZADORA E MISSIONÁRIA

Na verdade, o exclusivismo da Igreja Instituição, entendida como Igreja vinculada à cristantade, começou a desmoronar a partir do Concílio Vaticano II.

Assim, passamos de uma postura exclusivista, marcante na vida da Igreja Instituição durante vários séculos, para uma postura mais inclusivista, que considera, a certo modo, o outro como outro.

O que vale ressaltar é que, com o Concílio Vaticano II, a ideia de uma Igreja Instituição cede lugar para uma Igreja mais ícone da Trindade e uma Igreja povo de Deus (LG 1-4). Sem deixar de ser uma instituição na história, a Igreja, por meio do Concílio em sua proposta de *aggiornamento*, volta-se mais para seu verdadeiro centro, para sua fonte vital, que é a Trindade e que se dá a conhecer plenamente por meio do Verbo encarnado. Assim, o centro não é a Igreja como instituição, mas a instituição Igreja a serviço do Reino, sendo sinal dessa realidade maior.

É claro que a mudança que o Concílio provocou em sua relação com a cristandade pontualizou a necessidade de novas definições em temas como evangelização e missão. Do contrário, mudaríamos o periférico e não o essencial.

A partir do Concílio, a evangelização deixou de ser uma apresentação da Igreja como instituição hierárquica e poder, para ser uma Igreja mais serva e sacramento de salvação. Sua missão principal não visou a si mesma, mas a Boa-Nova de Jesus. "*Enviada por Deus às nações para ser 'sacramento universal de salvação, esforça-se a Igreja por anunciar o Evangelho a todos os homens.*

Fá-lo a partir das exigências íntimas da própria catolicidade e em obediência à ordem de seu fundador" (A G 1).

Portanto, à luz do Concílio, na missão não se está falando em dizimação das culturas diversas nem em atrelamento com poderes opressores. Está falando-se simplesmente de anúncio do Evangelho. E mais: as mediações para facilitar esse anúncio não podem ser contrárias a boa-nova do evangelho que é Jesus Cristo.

Ora, um devido conceito de missão surge como imperativo para sustentar essa nova maneira de a Igreja ser na história: de uma missão baseada na relação cruz e espada, a Igreja passa para uma nova ordem missionária. A missão de anunciar o evangelho não pressupõe a intolerância ao diverso e plural, pois missão conjugada com intolerância é sinal de colonialismo religioso.

O conceito de missão que surge na realidade pós-conciliar é muito mais concernente com o evangelho e com a perspectiva de valorização do outro. Missão agora sugere valorização da revelação de Deus as outras culturas. Portanto, antes do evangelizador, Deus já se antecipou à realidade do outro. Ali se fez morada e ali precisa ser percebido e preservado como tal. Logo, missão pressupõe, *a priori*, encontro/diálogo, e não instituição e catolização. Daí a importância de articular cada vez mais temas como inculturação e resiliência como o tema da missão, ou seja, a questão da missão hoje não está em catolizar o outro, mas apresentar a Boa-Nova de Jesus, ao mesmo tempo em que acolher a boa nova do diverso sem deixar de ser cristão. No encontro/diálogo, se alguém quiser se tornar cristão, isso é decorrência, mas não imperativo do encontro.

2. IGREJA: A QUE RENUNCIAR?

À luz dos ensinamentos do Concílio e da nova teologia da missão, algumas posturas ou ranços do passado precisam ser renunciados na Igreja. Vamos a eles:

Amor ao poder

O poder a serviço de uma Igreja povo de Deus e na construção de uma sociedade mais justa e fraterna é um poder que não se pode renunciar, isso porque ele é mediação necessária para alcançar essas realidades.

O poder pelo poder, aquele que visa à concentração simplesmente de poderes, *status* religioso e social, poder que, uma vez exercido, esmaga o que foi gerado fora dele e muitas vezes gerado a partir dele, a esse poder é preciso renunciar. Esse tipo de poder pode levar a Igreja a uma verdadeira cegueira em relação ao evangelho, a si mesma, à história e à vida concreta dos seres humanos.

Complexo de superioridade

Na realidade atual, a Igreja Católica Apostólica Romana é uma dentre milhares de outras igrejas, não é nem melhor, nem pior, é simplesmente mais uma.

Muitas vezes, o grau de superioridade que se advogou a Igreja católica inviabiliza uma ação mais em rede, quando se pensa a função pública das Igrejas e um travamento, quando se indica o encontro/diálogo entre as Igrejas cristãs e não cristãs. A esse ar e postura de superioridade, é preciso superar, do contrário, a Igreja será um planeta solitário na grande constelação solar.

Princípio da autonomia absoluta

A pretensiosa autonomia muitas vezes nos faz esquecer que se vive hoje num mundo marcado por outras formas de saber em que a busca do conhecimento é uma realidade multidimensional.

Fora de uma atividade em rede de parcerias e interdisciplinaridade, não se chega muito longe quando se mergulha na caracterização do mundo em que vivemos. No máximo se chega a uma resposta "*míope*" sobre Deus, mundo e ser humano. A Igreja precisa sair dessa autonomia absoluta se não quiser cair em uma espécie de "*Robinson Crusoé pós-moderno*". Sem perder sua singularidade – Igreja de Cristo –, ela precisa sair da primeira pessoa do singular em direção à primeira do plural.

Falta de humildade

A relação Eu-Tu é uma relação de exposição, de autoconhecimento e de conhecimento do outro. Do contrário não é relação, mas imposição de uma das partes.

Muitas vezes falta à Igreja uma postura mais *kenótica* – de abaixamento – em direção ao outro. É como se o outro não fosse para nós realidade de novas aprendências. Essa falta de humildade inibe na visualização e incorporação de valores salutares presentes em outras formas de ser, provocando, assim, uma Igreja fechada e pronta, que não sabe o valor da humildade como ponte para novas aprendizagens.

Insensibilidade ao plural

O pluralismo não é uma moda da cultura pós-moderna, ele que sempre existiu, mas por diversas circunstâncias históricas não se pôde manifestar, agora se postulou definitivamente entre nós. Negá-lo significa inconsistência intelectual, proibi-lo significa ditadura do unitarismo, procurar conhecê-lo criticamente parece ser o melhor caminho.

Em nome *"dos bons costumes e da moral"*, não se pode colocar todas as negatividades e positividades do pluralismo, hoje, no mesmo saco e jogá-lo no lixo. Isso denota uma postura inconsistente com nosso tempo, devido a sua realidade antidialogal. O pluralismo em si não é um perigo. Como realidade histórica, ele tem valores positivos e negativos.

A Igreja precisa criar uma ruptura com determinadas insensibilidades em direção ao plural. Do ponto de vista eclesial, o pluralismo bem-orientado pode ser colocado a serviço da ação evangelizadora.

3. TRAÇOS DE UMA IGREJA EM TEMPOS DE PLURALISMO

Diante da realidade atual, alguns traços fundamentais da Igreja devem ser acentuados. É claro que esses traços devem acompanhar a Igreja em todos os tempos, mas perante a ordem do pluralismo hodierno, eles, em hipótese nenhuma, devem ficar à margem do que foi posto até agora. Vamos aos traços:

Uma Igreja Hospitaleira

Por Igreja hospitaleira, entendemos uma Igreja que acolhe o ser humano independentemente de sua cor, raça, nacionalidade ou credo. Hospitaleira porque suas portas estão sempre abertas a qualquer ser humano, independentemente da condição de ser. Hospitaleira porque ela não pergunta quem é o outro, mas em como acolher o outro.

Indubitavelmente hospitaleira, pois, sem essa atitude de uma abertura incondicional ao outro, torna-se impossível uma Igreja povo de Deus, assembleia reunida em torno de Deus, para vivermos valores comuns.

Em uma Igreja hospitaleira, para além de nossas diferenças, o que conta é nossa capacidade de hospitalidade ao outro.

Uma Igreja Samaritana

Por Igreja samaritana, entendemos uma Igreja que transborda o templo. No caminho da história é capaz, como o bom samaritano, de se colocar e optar pelos caídos à beira do caminho e socorrê-los (Lc 10,25-37). É uma Igreja que não faz distinção de religião quando o assunto é cuidar da vida humana.

Na Igreja samaritana, a verdadeira religião não se restringe às funções religiosas e ao que gira em torno do templo. Religião sem prática humanitária não conduz ao Deus de Jesus, é uma religião sem expressão e de um grande vazio evangélico.

Uma Igreja Profética

Por uma Igreja profética, entendemos uma Igreja que escuta o clamor dos pobres (Êx 3,7-10) e o clamor daqueles que defendem a vida em todos os aspectos (Jo 10,10). É uma Igreja em que a vida é valor sagrado e supremo.

Em uma Igreja profética, toda forma de morte e vitimação das realidades criadas por Deus é denunciada em nome de uma visão de Deus como Deus da vida. Portanto, o profetismo, em última análise, orienta-se historicamente para o próprio Deus. E, a partir de uma fé na história, reclama uma história em conformidade com uma das principais orações de Jesus, que é a oração do Pai-nosso.

Uma Igreja Teocêntrica

Por uma Igreja teocêntrica, entendemos uma Igreja que não vive para si, mas para a realização do Reino de Deus e a caminho do Deus do Reino.

Na Igreja teocêntrica, o resgate do Jesus histórico leva-nos a descobrir e prosseguir, hoje, o que disse e fez Jesus em sua época e, ao mesmo tempo, encaminha-nos para o lugar fontal de sua práxis histórica: o Reino e o Deus do Reino.

Em uma Igreja teocêntrica, a alteridade de Jesus indica-nos a partir do histórico, imanência, transcendência e transparência da parte de Deus.

Uma Igreja da Unidade na Pluralidade

Por uma Igreja da unidade na pluralidade, entendemos que mesmo perpassada por diversos dons, carismas, expressões e grupos diversificados, seus membros não podem perder o Cristo como cabeça (1Cor 12,12-31). E mais, o pluralismo religioso não é causa de divisão, ele, como plural, reivindica uma pluralidade a partir da unidade da fé cristã.

Em uma Igreja da unidade na pluralidade, a unidade em meio ao plural é continuamente almejada, construída e perseguida. Ela baseia-se por parte dos plurais, na busca de um devido entendimento da Sagrada Escritura – alma de toda a teologia –, e pela experiência acumulativa da vida cristã no tocante à fé e à defesa e promoção da vida. Logo, a pluralidade não dispensa a unidade. Pelo contrário, é na unidade que os diferentes tornam-se mais Igreja.

4. PARA REFLETIR

1. Qual é minha participação na comunidade eclesial?
2. Como ser Igreja nos dias de hoje?
3. Qual é a função social da Igreja?

5. REFERÊNCIAS

BEOZZO, J. O. Visão indígena da conquista e da evangelização, in *Inculturação e libertação*. São Paulo: Paulinas, 1986.

BOFF, C. *Uma Igreja para o próximo milênio*. São Paulo: Paulus, 1998.

PIÉ-NINOT, S. *Crer na Igreja*. São Paulo: Paulinas, 2006.

CONSIDERAÇÕES FINAIS

Sobre os caminhos essenciais para um cristianismo, atualmente, três realidades ainda precisam ser ditas:

1. A busca por caminhos de um cristianismo essencial não representa a matança de outros caminhos existentes, caminhos importantes, mas que, do ponto de vista de uma hierarquização, não estão na mesma ordem do essencial para pensar um cristianismo como tal. Portanto, a tarefa é em orientar o cristianismo em um mundo plural, mundo em que ele está inserido, que só permanecerá existindo se, no encontro com o diferente e o diverso, ele mantiver a especificidade que o define. É como o corpo humano que precisa do esqueleto para se manter de pé. Todavia, outras realidades do corpo fazem parte do mesmo, no entanto, em menor escala.

2. A essencialidade cristã não representa o único caminho para todos. Faz parte de uma visão simplesmente cristã, uma entre outras, o que, portanto, significa juntamente com outras visões que ela precisa perguntar-se sobre outras essencialidades na forma de ver e cuidar do mundo como casa comum. Em

outras palavras, nossa forma de ser não está imune em aprender com o outro, se quisermos; sem perder nossa especificidade, podemos incorporar novos e valiosos valores e atitudes advindas de outras tradições, sejam elas religiosas ou não. É claro que esse encontro dialogal não deverá estar fundado sobre nossas distâncias doutrinárias, mas sim no interesse comum em habitar, promover e defender o planeta e todas as coisas vivas existentes e coexistentes nele.

3. Por fim, a busca por caminhos para um cristianismo essencial para nosso tempo representa, do ponto de vista religioso e macrossocial, um encontro dialogal com o ser humano de nossa época, ou seja, um ser humano perpassado e marcado especificamente pelo momento histórico presente. Logo, representa escutar e entender suas demandas atuais, sua sede de infinito e de Deus, ao mesmo tempo em que sua sede de elucidar a relação que norteia o humano, a história e Deus. Enfim, escutar, entender e apresentar um cristianismo para hoje significa despojar-se dos paradigmas que definiram o cristianismo em outras épocas. Na verdade, é realizar as perguntas essenciais sobre Deus, história e ser humano para os dias de hoje.